Love Yourself

自分を愛して100％理想の人生を叶える

松木直子（なおりっち）

KADOKAWA

これが今、私が見ている景色です

ドバイの自宅(５つ星ホテル) の窓から。ドバイのランドマーク、ブルジュ・ハリファが正面に。

ほんの数年前まで何もかもがうまくいきませんでした

辛かった頃の私(見た目がぜんぜん違います)。
重度の摂食障害を患い、仕事もうまくいかず、
７畳のワンルームの家賃も払えず、
恋人にとっても都合のいい女……。

好きな仲間に囲まれ、自由に好きなときに好きな場所を旅しながらの働き方。

でも今では、お金、愛、人間関係
全方位で自分の理想が
叶っています

ドバイで出会った彼と溺愛結婚。

Love Yourself

この本には、
私が実際にやって効果があった
セルフラブ（自分を愛する方法）を
書き記しました

今、すべてがうまくいかないと
思っている人も
きっと大丈夫！
あなたの理想も
叶います！

✦ PROLOGUE ✦

はじめに

はじめまして、松木直子（なおりっち）と申します。ドバイ在住、現在38歳。会社を経営しており、主な事業は美容ディーラー業と、起業したい女性・起業している女性向けのビジネススクール「SELFLOVEビジネス講座」を運営しています。おかげさまでビジネススクールは2年で急拡大し、累計800名を超える女性が受講してくださり、SNSで3億円以上の売上を達成しています。

そんな私も、数年前までは人生のドン底を歩んでいました。15歳から30歳まで重度の摂食障害を抱え、会社では同僚からいじめられ、恋愛は常にうまくいかない。すべてが苦しくて、生きているのすら辛くて、この世の中からいっそ消えてしまいたいと思ったことも何度もありました。

そんな絶望しかなかった頃に知った「ある方法」で、人生が少しずつ変わり始めたんです。あれは、忘れもしない2017年1月28日のことです。親友からすすめられたブログに書かれていたのは「自分自身を愛せば、人生が豊かになる」という考え方。自分に強いてきた無理や我慢をすべて手放すことが大事だということが説かれていました。これを読んだときに、はっと気付いたんです。それまでの私は、自分の何かを犠牲にしなければ、幸せは得られない。面倒臭い仕事も人付き合いも、家事も全部完璧にやらなきゃいけないと思い込み、自分を縛り続けていた。でも、違うのかもしれないと……。

それから私は、自分を大切にする生き方とは何かを探すようになりました。

心理学、脳科学、量子力学……。がんじがらめだった私のマインドセットを切り替えるための答えを求め、さまざまな学びにたくさんの時間をかけました。そして、自分を愛することができる環境を求めて、誰かに雇用されるのではなく、自分で起業する道を思い切って選んだんです。

とはいえ、起業してからも最初から決して順風満帆とはいきません。すべてはトライアンドエラーだと言い聞かせて、ビジネスの傍ら学びに自己投資も続けました。

そして、大きな変化が現れたのは、起業5年目です。世界を旅しながら働くような生活が夢だった私はコロナ禍に短期の英語留学もかねて中東のドバイに向かい、ひとりの男性と出会い、結婚しました。そしてちょうど同じ時期に、私の進むべき道が「間違っていない」と背中を押してくれる起業家女性との出会いもありました。

現在は自分でも信じられないくらい人生が激変しました。

愛する夫と理想の生活を送り、世界中をビジネスクラスで旅しながら、場所にも時間にもとらわれずに、自由に大好きな仕事をしています。こんなふうに私が過去思い描いていた理想の100％以上の人生を歩めるようになったのは、無理や我慢を一つひとつ手放していくことによって、自分自身を愛することを忠実に行動していったからです。

あなたは今の人生に満足しているでしょうか？
もしそうではないなら、私が理想を100％叶えるために試行錯誤してきたメソッドをすべてまとめた本書が、お役に立つはずです。自分を愛して、無理や我慢をやめれば、あなたも必ず理想の人生が叶いますからね♡

CONTENTS

目次

CHAPTER ✦ 2

ありのままの自分が最高！セルフラブで思い通りの人生に♡

✦ CONTENTS ✦

CHAPTER ✦ 3

親子関係を見つめ直す

CHAPTER ✦ 4

ホルモンを味方につけて、溺愛パートナーシップを育む♡

CHAPTER ✦ 5

脳の仕組み×エネルギーを利用して理想の人生を〝全取り〟しよう♡

CONTENTS

ブックデザイン　岡澤輝美（bitter design）
DTP　山本秀一、山本深雪（G-clef）
イラスト　カンダアカネ
校正　麦秋アートセンター
編集　宇並江里子（KADOKAWA）

CHAPTER ✦ 1

ちりつもの
無理と我慢を
手放す♡

無理や我慢がトラブルを引き起こす⁉

勇気を出して今の生活をやめませんか？

今あなたの人生において、自分の理想が叶っていないとしたら、**気が付かないうちに無理や我慢をしていることが、必ずあります。**

本当はやりたくない仕事、言いたくないお世辞、なんとなくの人付き合い……。残業を頼まれたら断れず、無理をして仕事を引き受けてしまう、不満があっても思っていることを言えずに我慢してしまう。一緒にいたくないと思いながら、友達や恋人との関係をズルズル続けている……。我慢や無理って気が付かないうちに、ちりつもでたまっているんです。

これ、思い切って、全部やめてみませんか？

「いやいや、そんなことは無理です!」って、全力で否定する声が聞こえてきそうですね。わかります、私もそうでしたから(笑)。

でもそれって、やめられないという思い込みかもしれませんよ。はじめは勇気がいりますが、自分の本音に向き合ってイヤなことを少しずつでもやめていったら、本当にビックリするくらいラクになります。

そもそも、自分の本心を無視して、毎日少しずつ無理や我慢を積み重ねていると、必ずサインが現れます。〝我慢〟という名のコップが満タンになったとき、その我慢に魂が気付いてほしくて、イヤな現実を引き起こしたり、思わぬトラブルで自分が苦しめられたりするんです。望まない現実は「いい加減気付いて」「もっと自分のこと大切にして」という心身からのSOS。**何度も何度もSOSのメールを出しているのに、〝未読スルー〟をしていると……。いよいよ体を壊したり、人間関係が悪化したり、注意力散漫になって事故に遭うなどして、立ち止まらざるを得ないトラブルが起きて強制終了がかかります。**

この法則を知ったのは、私が人生のドン底にいた頃でした。

当時は自分の気持ちに蓋をしまくっていました。数字至上主義である生命保険会社の営業の仕事に歯をくいしばりながら結果を出すも、ある取引先のお客さんから警察沙汰になるセクハラに遭う。

それを機に興味のあったエステティシャンの仕事に就くも、好きな仕事ではありましたが、食事をゆっくりする時間もないほど忙しく、終電で帰る日々。お正月以外のお休みはなく働き詰めでした。

限界を感じてさらに転職した化粧品会社では、上司にかわいがられる同僚をあの人ばかりずるいとうらやんだり、私だけやりたくない余計な仕事を押し付けられたり、我慢しまくった挙句に人間関係も悪化。

同時にプライベートでは、彼がヒマなときだけ呼び出される都合のいい女、モラハラ気味の彼の言動に一喜一憂しては振り回される、常に2番目の女といった大切にされない恋愛ばかり。そして誰にも相談できない15年間もの摂食障害で心身ともにボロボロに……。

本当に人生を終わらせたいというレベルで、次から次へと全方位でトラブルが続きました。

なんとか人生を好転させたくて、書店に行っては成功哲学系の本を購入して読み漁っては、書かれていることを実践していましたが、まったくもって現実は変わらない気がする……。私の人生ってなんなんだろう。私にはなんの頑張りが足りないんだろうか？と焦っていました。

この世界は自分が創り出している!?

そんなときに親友から「今のなおに必要そうだから、はじめから読んでほしい！」と、ある方のブログを教えてもらいました。とにかく最悪な現状を変えたい、なにか手がかりが欲しいという一心で、1日で1年分ほどのブログ記事を夢中で読み切りました。そこには、こんな内容のことが書かれていたのです。

『世界は自分がすべて創造していて、この世の中は、自分の内側の部分が外側に反映されているだけ。イヤな人も自分で生み出している。自分が自分に我慢や無理を強いていると、周りからも我慢させられるような出来事が起きる。イヤな気持ちに

させられるようなトラブルが起きるのは、気付いてよってサイン。だから無理や我慢をしないで自分のことを愛してあげることが大切。そうすると、お金、仕事、人間関係、すべてが豊かになる』と。

成功するためには歯を食いしばって、頑張らないとダメと思っていた私にとっては〝カルチャーショック〟のひと言でした。頑張りが足りないいんじゃなくて、無理して、頑張りすぎていたんだ。頑張らなくてよかったんだと……。

思えば私の家はエリート家系で教育熱心でした。子どもの頃から、両親や祖父母に認められたくて、何事も頑張るのが当たり前。テストは100点を目指す、習い事も諦めずにちゃんと通う。できないことがあると私はダメなんだと思って、本当はやりたくないことも、〝我慢〟で乗り切ることを得意としてきました。そうすることに慣れていたし、頑張らない自分には価値がないと思ってずっと生きてきました。

だからこそ常に向上心があり、努力家としての一面が養われてきたのも事実です。新卒で入社した大手生命保険会社の営業をやっていたときは、新人の部門で全国3位の成果を出せる月もありました。でも一方で、毎月の数字のプレッシャーに押しつぶされそうな毎日。いつの間にか無理を重ねてしまっていたことに気が付いたんです。

日本の学校教育が〝我慢〟の原点

私に限らず、日本人は限界まで無理しすぎるほどの頑張り屋さんが多いと思います。これほどまでに無理や我慢が習慣化していて、自分が何が得意で好きなのかがわからなくなっているのは、実は日本の学校教育によるところが大きいのではないでしょうか。

試験では100点満点を基準とし、そこから足りない部分やできない部分が減点されていくので、100点を目指して頑張る100点満点症候群が当たり前。

長所を伸ばすのではなく、短所を直そうとする減点方式が主流で、苦手なことも歯を食いしばった努力でカバーすることが美徳。

学校生活では全員が同じであることを前提に、みんな一緒、みんなと仲良くすることが求められる世界。

でも、人によって学ぶペースも理解するスピードもさまざまだし、得意、不得意はあるものですよね。大勢で楽しく遊ぶことが好きな子もいれば、ひとりで静かに読書をすることが好きな子もいるはずです。この価値観だと、ひとりで好きなことをやっている子は、協調性がないというレッテルを貼られてしまいます。

また、学校では先生が絶対的な存在で、先生の言うことを聞けて、お友達みんなと仲良くできて、努力ができて、テストでいい点をとって、問題を起こさない子どもが〝いい子〟とされています。いわゆる、なんでもできる〝優等生〟タイプですね。

でも、優等生＝いい子って本当ですか？　先生や親にとって、扱いやすい、〝都合のいい子〟じゃないですか？　ほとんどの方が、誰かが決めた〝いい子像〟に、思考停止に陥っているのではないかと思うんです。

そしてその経験がもとになって大人になっても、苦手なことを克服しようと頑張る、向いていない仕事なのに頑張る、気が合わない人たちとの飲み会も頑張って行く。大人としてのたしなみとも言わんばかりに、イヤなことも気が付かないうちに我慢している人が多いのではないでしょうか？

自分を幸せにするかどうか、我慢の質を見極めよう

一方で〝いい我慢〟もあります。何か目標を成し遂げるために、遊ぶ時間を削って勉強する、今年の夏は水着を着たいから、おやつを我慢して毎日ウォーキングを頑張る、このプロジェクトは大変だけど、スキルアップになって自己成長につながるからやり遂げたい。**他人の基準に合わせた我慢でなくて、将来の自分への投資となる経験、自分の幸せにつながることはいい我慢で、必要なときもあります。**

だけど、不満がたまって疲弊するだけの無理や我慢は、今すぐやめていいんです。

残業を断れなかったり、気乗りしない飲み会に参加したり、母親だから家事は完璧にやらないとダメだと思っていたり……。こういう我慢は不毛です。社会の常識、他人の目、場の空気は一切気にせずに、さっさとやめてしまいましょう♡

どういう方法で手放したかはあとで詳しく書きますが、私も最初は恐る恐る、少しずつ無理と我慢を手放す生活を実践していったところ……、15年間も続いていた重度の摂食障害が、ピタリと治りました。

そして、当時勤めていた会社を辞めて思い切って起業し、２０１９年に会社を設立

してからは、さらに爆速で理想の未来を叶えてきました♡

私がやったことは、ただ、無理や我慢をやめて自分を愛すること。

そうすることで本当に、お金、仕事、人間関係、すべてが豊かになって、人生が激変しました。そして今も日々、理想の人生を更新し続けています。

たとえ今、どんなに苦しくてもがいている人も、絶対に変われるから大丈夫です♡

毎日苦しくて、もがいていた私だって、こんなに変われたんですから。

それでは具体的にどんな方法で無理や我慢を手放していったか、これからご紹介していきますね。

無理や我慢を手放すために、まずはお昼寝しよう♡

小さな欲求から叶えてあげよう

『無理や我慢を手放すと、人生が豊かになる』

このことを知った私は、本当なのかなと思いつつも、「どうせもう、今の人生はどん底だし、とりあえず信じてみよう」と覚悟が決まり、人体実験をするつもりで始めることにしました。

とはいえ最初は、「どうやって手放していったらいいんだろう?」と、とまどいもあったというのが正直なところでした。

そこでまずは、ちょっとしたことから見直してみることにしました。

最初に私がやったのは、〝本当に食べたいものを食べること〟。「当たり前のことじゃないの？」って思った人もいるかもしれません。でも、この頃はエステティシャンとして働いていて、「痩せてないとキレイでいられない」と思っていたし、ランチはサラダだけが普通。しかも、完全歩合制のフルコミッションでのお仕事だったため、睡眠や食事の時間を削りながらハードに働いて、お正月以外は毎日働き詰め。それでも売上が思うように上げられない月は家賃が払えなくて、母にお金を借りていたこともありました。

働いているわりにはお金への余裕があるわけでもなく、むしろ不安があって、働きすぎて病みすぎていた私は、毎日自分が何を食べたいのかさえもわからなくなっていたんです。いろんなことに我慢をしていたため、いつの間にか何が好きで、何が嫌いなのか、自分の感覚がすっかり麻痺してしまっていました。

こんなふうに自分の感覚が鈍ってきている人は、かなり危険な状態。我慢することがクセになってしまって心に嘘をつき続けると、私がそうだったように、楽しいも辛いも、好きも嫌いもわからなくなってくるんです。

自分の心と丁寧に向き合って、本音を知る

なぜなら、自分の本心を無視するということは、「これが嬉しい」「これが楽しい」「これが好き」といった、あなた自身があなたを心地よくさせてくれるプラスの感情に目を向けていないから。自分が自分を大切にしないと、誰があなたのことを大切にしてくれるんでしょうか。一番大切な自分とのパートナーシップが、おろそかになってしまっているということに気が付いてください。

自分が無理や我慢をしていても、その自覚症状がまったくない、ここまでくるとかなりの末期症状なので、自分の心に向き合ってあげましょう。

大切なのはわかりやすい無理や我慢だけではなく、〝自分が気付いていない〟無理や我慢までやめること。

たとえばですが、こういうこと、当たり前のことだと思っていませんか？

・毎日、何を食べたいかがわからない
・もうお腹いっぱいだけど、残したら悪いから全部食べなきゃ

・トイレに行きたいけど、仕事中だからやめておこう
・トイレに行かなくてもいいように、水分をあまり摂らないようにしている
・仕事が山積み。睡眠時間を削ってでも、もっと頑張らなきゃと思っている
・体調が辛いけど休むほどじゃない。みんなに迷惑をかけちゃダメだから頑張ろう
・しんどいときこそ周りに悟られないよう、いつも以上に笑顔で過ごす
・家族のためにおかずは手作りでなくちゃ
・彼氏が来る前に部屋をキレイにしておかなきゃ

寝る、食べる、リラックスする、自分の心地よさを優先！

そういった基本的な生活の中で、気付かない我慢を重ねている人こそ**優先すべきなのが、〝余白〟をつくること。とにかく休むという選択をすることです**。休日まで仕事をしなくていいいし、夜はゆっくりお風呂に入ってリラックスして十分な睡眠をとるべきなんです。昼間だって、**疲れたらお昼寝しましょう**♡

こんなことを言うと、「昼間は働いているからお昼寝なんてできません！」という声

が聞こえてきそうですが、ここでお伝えしたいのは、**疲れたら休んでほしいということ。ハーブティーでも飲みながら、ちょっと一息つきませんか、ということ**です。

私が主宰しているビジネススクール「SELFLOVEビジネス講座」でも、疲弊しているときはまず、「お昼寝しよっか♡」と伝えています。

最初は講座生たちもびっくりするのですが、結果が出なくて心も体も疲れているときは、圧倒的に余白不足。なので、きちんと睡眠をとってもらって、心身ともにエネルギーチャージしてもらうことを提案しています。そうすると、見違えるように軽やかに挑戦できるようになって、するっと月7桁とか達成できちゃうんですよね♡

私も夜21時には就寝していますし、疲れたらしょっちゅうお昼寝していますよ。

ただ、ずっと我慢を重ねて頑張ってきた人こそ、休むという行為に抵抗を覚えると思います。

でも、誰だってずっと休みなく、走り続けることはできません。世界トップクラスのオリンピック選手だって、常にトップギアを入れて全速力で走り続けているわけではないですよね。オンとオフはきっちり分けて、練習後はストレッチをするなりマッサージをするなり、頑張った分と同じくらいきちんと体をいたわっているはずです。

どのみち、心を押し殺して無理や我慢をし続けていると、どこかで綻《ほころ》びが出てきます。我慢した分は、心や体に少しずつ蓄積されていきますよ。そんなことになる前に、**ちゃんと寝て、しっかり休むこと、余白があることが大切！　自分をいたわってあげましょうね♡**

♥ WORK 1

あなたはどんな無理や我慢をしていますか？　やめたいことを書き出してみましょう。

やらないことを決める♡

1日のスケジュールを見直して、手放すことを決めよう

1日は24時間。どんな人にも平等に与えられていますよね。でも、ほとんどの方が時間に追われ、「時間がない！」と思っているのではないでしょうか？ 毎日毎日、仕事や家事、子育てに手一杯で、1日が終わる頃には疲れでぐったり。気付けば、〝私の時間〟が全然ない……。そうなんです、ほとんどの人が、時間はあるけど、〝自分のための時間〟が全然ない状態なんです！

自分の時間＝余白がないということは、どこかで自分に無理や我慢をさせているということ。これもこのまま頑張り続けると、先ほども書いた通り、職場でイヤなことばっかり起こったり、体調を崩したりとトラブルに悩むように。「無理してない？」「我慢してない？」「あなたらしく生きてる？」というお知らせがきてしまいます。

ここで一度立ち止まって、やらないことを決めませんか？　本当は、あなたがやらなくてもいいことまでやっているから、時間に追われているだけなのかもしれません。

1日のスケジュールを見直してみて、やめられることを洗い出しましょう。

♥ **WORK 2**

朝起きた瞬間から夜寝るまでの1日のタイムスケジュールを書き出しましょう。

ex. 朝起きて顔を洗う。朝の準備（朝食を作る。子どもに食べさせる。身支度をして出勤）。仕事をする（具体的な業務内容も）。帰りにスーパーへ行って食材を調達。帰宅後は夕飯作りなど。

♥ WORK 3

お金、パートナーシップ、家族、子ども、仕事、美容、趣味の中で、人生における優先順位をつけましょう。

♥ WORK 4

人生の優先順位を実行するために、WORK2で書いたスケジュールの中から、やめることを決めます。

「毎日の食事を作りたくない」「掃除がめんどくさい」「働きたくない」など、ブラックな本音が出てきましたか（笑）？

どんどん本音で書いて大丈夫です。それ、全部叶いますから♡

私の場合、人生の優先順位が、①仕事、②パートナーシップ、③お金だったので、家事を手放して、無駄な人付き合いや飲み会には行かないことに決めました。

思い込みを外せば、もっとラクに生きられる

結婚したら、女性が家事をしなきゃダメと思い込んでる人も多いと思いますが、別にしなくていいんです！　旦那さんにやってもらってもいいし、家事代行をお願いしてもいいと考えましょう。実際に今の私は一切家事をやっていません。いつもは夫がご飯を作ってくれます。といっても、無理矢理まかせるのではなく、夫は料理好きでもあるからです。夫の料理がおいしかったら、ちゃんと口に出して褒めてモチベーションを高めてもらうことも大事です（笑）。夫の仕事が忙しいときは、デリバリーや外食で済ますことも多いですし、そこはうまくやっています。だから、まったく夫も不満を

言いませんし、夫婦仲は良好そのものですよ♡

また、意外かもしれませんが、私は基本的にひきこもりで、おうちでゆっくりするのが好き。だから、面倒な人付き合いや無駄な飲み会にも行きません。

仕事は大好きですが、対面での営業はイヤだったので、SNS発信のみで営業活動をしています。さすがに対面営業を手放したときは勇気がいりましたが、やってみると、意外と大丈夫じゃんっていうことに気付きました。

「いやいや、松木さんはできたかもしれないけど、私は無理なんです‼」

「私がいないと会社が回らないんですー！」

「私がやらないと、誰が子どもたちにご飯を食べさせるの⁉」

こんな声が聞こえてきそうですが、それって本当ですか？　ほとんどの人がやめられることなのにやめられない理由は、こんな思い込みがあるのではないでしょうか？

・家事をしないと言ったら、旦那さんに怒られて嫌われる
・この業務をやめたいと言ったら、会社での評価が下がるんじゃないか
・できないことがあるなんて、無能な人だと思われる
・子育てをシッターさんにお願いするなんて、世間に非常識だと思われるかも

・私がずっとそばにいて面倒を見てあげないと、子どもが悲しむ
・親が悲しむから、ちゃんとしないと……
・外注するとお金がなくなる
・みんなに嫌われたくない、いい人でいたい
・みんなも我慢しているから、私もやらなきゃ

自分が無理していることや我慢していることをやめるというと、わがままとか自己中みたいに感じていませんか？　でも、そうじゃないんです。法律を犯すようなことや誰かの不利益になるようなことでなければ、誰だってイヤなことはやめたほうがいいんです。

いきなり全部手放さなくて大丈夫！

たとえば会社員なら、ちょっと辛口ですが、どうしても組織の歯車になってしまう人は多いでしょう。会社員という人生を否定するわけではないのですが、大事なのは自分の強みなどを発揮して、どんな環境でも、他の人には代替できない仕事ができて

いるかだと私は思います。でも、現実には、大きな組織であればあるほど、あなたがいなくても仕事は回ってしまうものです。そうした仕事は瞬間瞬間の達成感はありますが、長く続けると疲弊してしまいます。

でも、急に会社を辞めるのは勇気がいるのもよくわかります。親や学校の先生、会社の上司など、誰かに従って一定の無理や我慢を重ねることに多くの人は慣れています。指示に従っていれば、とりあえず楽だという気持ちもあるでしょう。それをいきなり全部やめようとすると、心がざわつきますよね。責任感が強くて、これまで頑張ってきた人ほど、こういう傾向があると思います。だから、少しずつでいいので、できそうなことからゆっくり手放していけば大丈夫ですよ♡

まず「こうしなければならない」と「本当ならこうしたい」の間を探り、少しずつ行動に移してみましょう。たとえば、「仕事は休まず頑張るべきだけど、本当は休みたい」という場合には、半休を取ったり、残業をやめるところからやってみてはどうでしょうか。通勤がしんどいなら、たまには午後出社にして、空いている時間帯の電車に乗ってみるとか。そうしていくうちに、自分にとって心地よいバランスが見つかっていくと思います。

仕事を細かくタスク化して、やめられることを洗い出す

あとは、タスクを細分化してみることもおすすめです。たとえば、「家事を手放したい」という気持ちが出てきたら、〝家事〟というタスクの中で、何をやりたくないのか細かく考えてみましょう。

たとえば、「料理を作るのは好きだけど、食器洗いをしたくない」だったら、どうやったら食器洗いを手放せるかなと考えてみるんです。食洗機を購入してみるとか、ワンプレートご飯にしてみるとか、食器は思い切って使い捨てできる紙皿にしてしまうとか。「やっぱり家事全般手放したい！」ということだったら、ロボット掃除機や洗濯乾燥機など、最新の便利な家電をどんどん投入する。数時間だけでも家事代行の方にお願いしてみるという選択もあります。

自分の時間を作るために、ちょっとサボってみたり、人の手を借りたり、できそうなことからやってみてくださいね。とにかく女性のみなさんは頑張りすぎて、ちりつもの無理や我慢がたまりまくっている状態。

自分を消耗させずに、手放していくことを決めていきましょう！

それでもすぐにやめられない場合は、まずは自分が、無理や我慢をしていたことに気付いてあげることがとっても大切です。自分に「しんどかったんだね」、「頑張ってたんだね」と、やさしく声かけをしてあげて、自分のことをいたわってあげてください。

そうしてあげると、「もう限界だから早く気付いて！」と助けを求めていたもうひとりの自分が、やっと気付いてもらえたって安心してくれるんです。だからそうやって自分をたくさん愛してあげて、甘やかしてあげてくださいね。

そうして安心感に包まれた状態になったら、自分の気持ちに素直になってみるのがおすすめです。「本当にこれやりたいの？」って、丁寧に自分の心に寄り添ってあげましょう。そこで出てきた〝やりたくない〟という本音を、否定しないことが大切。

少しずつ、できそうなことから、手放していってあげてくださいね♡

「あの人ムカつく！」というモヤモヤは、お宝ポイント♡

モヤモヤ、イライラは本当の自分の気持ちに気付くチャンス！

「彼氏に海外旅行に連れて行ってもらった自慢をされた。なんかムカつく！」

「子どもを置いて友達と遊びに行くなんて、母親のクセに最低!!」

こんなふうに自分がモヤッとさせられることって、実はお宝です！

だってそれ、あなたの我慢ポイントですから。モヤモヤを深掘りしていくと、「本当は私も彼氏に大切にされたい」、「子どもがいても旅行に行けて羨ましい！　私も自由に飛び回りたい」って、嫉妬しているのです。

この人イヤだなって思うときは、その人が自分の我慢していることを手に入れているから。**だから、私もそうなりたいなっていう憧れの気持ちや、素直にいいなぁ♡と思えなくてモヤモヤしているのは、すっごく我慢しているサインです。**

だって、日頃から彼に旅行に連れて行ってもらったり、子どもがいても自由に遊びに行っている人は、そんなことでイライラなんてしませんよ。**本当は自分もそうしたいんです。だったら、やっちゃえばいいんです♡**

相手の気持ちにも耳を傾ける〝聞き合い〟が大事

本当は彼と海外旅行に行きたいという希望があるなら、まずは彼にお願いしてみましょう。もしかしたらひと言、「興味ないから行きたくない」って、そっけない返事がくるかもしれません。

つい「なんでよ⁉　私のこと、大切じゃないの？」って、勝手に彼の気持ちを妄想して、怒るか落ち込むか、その両方かもしれませんが、ここで大切なのが、**〝聞き合う〟こと。自分の気持ちを押し通そうとするのではなく、相手に配慮しながら自分の気持ちを伝えて、相手の気持ちを聞くことです。**伝え方としては、「私はこう思うんだけど、あなたはどう思う？」、「私はこうしてくれたら嬉しいけど、あなたはどうかな？」というスタンスであること。自分の要求を通そうと、怒ったり、責めたりして喧嘩腰になったり、逆に遠慮しすぎないことが大切。

なので、この場合は普通に「どうして行きたくないの？」と聞けばいいだけです。
そうするとたとえば、「飛行機が苦手」「食べ物が合わないから」という彼なりの行きたくない理由を教えてくれるはず。

一方で、自分の気持ちをもっと深掘りしてみましょう。「彼と海外旅行したい」というあなたの真の願いは何？　一番叶えたいことは何？　そう問いかけてみると、「ふたりで長時間一緒に過ごしてみたい」という気持ちが出てくるかもしれません。
だったら別に海外にこだわらなくても、国内旅行にするという選択肢も出てきますよね。そしてあなたと一緒にいる時間が楽しいとわかれば、彼もいつか海外旅行もいいかもなって、気持ちが変わるかもしれません。

これはパートナーシップだけでなく、人間関係全般で使える方法です。**〝聞き合い〟することで、どちらかが我慢するのではなく、お互いに心地いい着地点を探しましょうね♡**

本音を伝える＝バンジーしよう♡

理不尽な待遇には勇気を持ってNOと言おう！

もしあなたが今、会社でパワハラやいじめに遭っているなど、明らかに相手に問題があって我慢を強いられている状況であれば、勇気を出して相手に指摘してください。相手に直接言えないのであれば、上司だったり会社の相談窓口（会社に言いにくいのであれば、厚生労働省がやっている総合労働相談コーナーもあります）だったり、しかるべき相手に相談しましょう。

イヤなことを我慢して耐えたとしても、状況は改善しません。むしろ、悪化してしまうことが多いだけ。私も身をもって体験した出来事がありました。

友人からの紹介で、化粧品メーカーに勤めていた頃のお話です。

海外で展示会をやったり、商品開発やイベントの企画をしたり、サロンでの営業活動や研修をしたり。初めての経験でしたが、とても充実した日々を送っていました。

ところが1年も経たずして、だんだん人間関係に歪みが出てきてしまったんです。同僚に無視される、強烈にいじめられる、休日なのに私にだけ仕事の連絡がくる、お客様からも嫌がらせを受ける、私だけ雑務をさせられる……。実は私、過去に事務ができなさすぎて、2回も会社をクビになっているんですよ（笑）。だから面接時に「事務は苦手です」と伝えていたんですが、私だけが人一倍時間がかかる事務をしなければいけないことに。

こうなると、「社長は同僚だけをかわいがっている」、「何でこんなにいじめられないといけないの？」と、被害妄想とイライラが募っていきました。

ある日耐え切れなくなった私は、社長と役員に、同僚からの不当な扱いについて改善のお願いを申し入れすることにしたんです。改善されなかったら会社を辞めようという覚悟を持って、それはもうバンジーをするくらいの勇気を出して、震えながら本音を伝えました。同僚との話し合いの場は設けてくれましたが、その場限りで、残念ながら状況が変わることはありませんでした。でも、自分の本音を伝えられたことで、安堵できたんですよね。

そしてやっと、私も会社を辞める決意が固まりました。

今思えば、私の能力を評価してくれていたのかもしれませんし、もっとトラブルが小さいうちに、自分の本音を伝えればよかったんですが……。

でも、いい人と思われたくて、嫌われたくなくて、自分の気持ちに思いっきり蓋をしていました。やりたくないことも我慢をしてやっていたり、言いたいことが言えていなかったなと。

自分の本音を伝えても大丈夫！

そういえば私は、自分の根っこの部分にある〝本当の気持ち〟を相手に伝えるのがすごく苦手でした。子どもの頃は思ったことをすぐ口にして怒られていたので、親に厳しく育てられたことも大きいかもしれません。

「思ったことを言ってはダメなんだ」「期待に応えていい子でいなきゃ！」と、ずっとそんな気持ちを抱えて生きてきたから、本当の気持ちを伝えたことはほとんどなかったなと思います。でも私だけじゃなくて、きっと同じような環境で育った方も多いんじゃないかな？

だけど毎日の中で消化できない我慢をし続けると、これまでさんざん言ってきたように反動が出ます。「これくらいならたいしたことないから」と、毎日のちょっとした我慢を積み重ねると、心から余裕が奪われてしまいます。ちょうど、水滴がコップにたまっていつか溢れ出てしまうように、イライラやモヤモヤといった我慢が爆発してしまうことに。

多くの人がこういう場合、自分をイラつかせた相手、会社の同僚や上司、家族に不満の矛先を向けてしまいます。**でも、自分がキレやすくなっているのも、いつも不平不満を抱えてイライラしているのも、本当の原因は〝あなたが勝手にした我慢〟にあるのです。**

「会社での空気が悪くなりそうだから、上司にイヤって言えない」

「彼にそんなことを言ったら、嫌われるかも……」

とにかく相手に嫌われたくない。だから自分に無理や我慢をさせる前提で生きている人が多いですよね。その気持ちもよくわかります。

身近な人にこそ、「NO」って言いにくいですし。でも、よく考えてください。相手に嫌われたくないからって、我慢して何も言えないほうが大問題です！


だから**勇気を出して、本音を伝えるという名の、バンジーをしましょう！**

今まで本音を押し殺してきた人ほど、本音を言うって怖いと思うんです。バンジーするくらい、震えて、勇気がいると思いますが、大丈夫です！

もし嫌われたとしても、あなたの世界には必要ない人だったということ。何も気にする必要はありませんよ〜。


そして、**自分の本音を伝えるということは、相手に押し付けるものではありません。相手がこちらのお願いを叶えてくれても、くれなくてもいいという心づもりを**

しておくことが大切です。

大事なことは、結果は気にせず、自分の本音を伝えること。**自分の我慢に気が付いて、自分の気持ちに目を向け、勇気を出して気持ちを伝えたという行動は、必ずプラスのパワーとなって戻ってきますから♡**

苦手なことを手放して「ぴえん」する♡

苦手なことを人に頼ることは、相手への最高のギフト

ここまでくると、いろんな我慢や無理から解放されて、イライラや不安もなくなり、心身ともに健やかになってきているのではないでしょうか？

ではいよいよ最終の手放しです。

それは、「ぴえん」です。ここでの**「ぴえん」とは、「自分ができないこと、苦手なことは得意な人にお願いして、自分の手からどんどん手放していく」という意味**です。

そもそも歯を食いしばって苦手なことをやり遂げるのは、イライラや我慢のもと。

それに人にはそれぞれ役割があるから、その役割を光らせるためにも、お互いが得意なことを頼り合ったほうがよくないですか？　とくにひとりで何でもしてしまって

しんどい思いをしている方は、どんどん「ぴえん」して、人に頼っていくべきだと思います。

なぜ人に頼れないかというと、私たちは子どもの頃から「苦手なことは努力をして、克服しよう」「人に迷惑をかけてはいけない」と教育されてきたから。なんでも自分でやらなきゃダメだと思い込んでいます。

でも、人の得意・不得意ってありますよね？　もともと不得意だったり苦手なことを努力したところで、時間がかかるしエネルギーを消耗するだけ。これもすごい我慢ですよね。しかも、もともと得意な人のほうが、早いし上手だし、絶対に敵いません。

たとえば私の場合、事務仕事が、本当に本当に苦手（涙）。そんな事務仕事を私がやると1時間はかかるのに、スタッフにお願いするとものの10分で終わる……。苦手な事務仕事に無駄に時間をかけるより、自分の得意分野を磨いたほうがいいですよね。

それに**頼られたほうも嬉しいんです。だから、自分が得意なことで感謝してもらえるって、最高のギフトじゃないですか。**

苦手だと思っていることも最低3回はトライしてみよう

ただひとつ注意点があります。人に頼ることは確かに大切ですが、**なんでもかんでも「ぴえん」していては、自分の成長や本当は得意なことを、みすみす逃してしまうことにもなりかねません。**本当に苦手なのか、できないのかは、**3回はやってみてから判断して**ほしいんです。たとえば、やったこともないのに「人前で話すのなんて無理！」と決めつけていると、自分の可能性の芽を摘み取ることになることも。本当は得意かもしれないし、少し練習したらできるようになったり、話すことによって人脈が広がったりするかもしれません。

自分でできないと決めつけてトライしないのは、もったいないですよね。

私も最初は、「人前でお話しするなんて苦手だな」と思っていたけど、3回もやれば楽しくなってきて、むしろ向いていると思えるようになりました。

3回はトライした上で、それでも苦手と思ったことは我慢せずに「ぴえん」しましょうね♡

無理と我慢、エネルギー漏れチェックリスト

こんなことないですか？ これ全部手放してOKです。

♥人間関係

- □ いい人だと思われたいから、周囲に合わせておこう
- □ 嫌われたくないから、自分の本音が言えない
- □ 困っている人を放っておけないから、やりたくないのに断れない
- □ 人から認められて素敵だと思われたい
- □ 気乗りしない飲み会。でも断ると雰囲気が悪くなるから出席するのが大人だよね
- □ 一緒にいても心地よくはないけど、大手企業の人だから、地位や名誉のある人だから、関係を切れない
- □ 嫌われたくないから自分がしたいことより、他人がしたいことを優先させてしまう

♥ライフスタイル

- □ 彼氏が自宅に来るから、すみずみまで掃除を頑張らないと！
- □ 家事も子育ても完璧にこなせないと母親失格だよね
- □ ご飯はすべて手作りじゃないとダメ
- □ 子どもの送迎に追われている
- □ シャツは必ずアイロンがけをしなくちゃ！

♥仕事

- □ 今後の付き合いのために、欲しくはないけど相手先の商品を買っておかなきゃ
- □ 毎朝、満員電車に1時間揺られて出勤し、終電まで残業もこなす
- □ 理不尽なパワハラ気味の上司におびえながらも、お給料のために仕事をしている
- □ チーム全体のミスなのに、自分だけが責められる状況を受け入れている
- □ 残業を頼まれると断れない
- □ 給料が安すぎるけど、もらえるだけありがたい
- □ 人に迷惑をかけるから、全部自分でやらなくちゃ

♥恋愛・パートナーシップ

- □ 彼が都合のいいときだけ連絡がくるけど、忙しいから仕方ないよね
- □ DV・モラハラ気質なダメ男と離れられない
- □ 不倫やセフレなど、自分が1番でない状況を受け入れている
- □ 嫌われたくなくて、自分の意見を言えない
- □ 「私と別れたらこの人どうなるの？」とかわいそうになり、彼と別れられない

CHAPTER 2

ありのままの自分が最高！
セルフラブで
思い通りの人生に♡

人生、自分以外の人は、みんなエキストラ

自分が自分を幸せにすると決めよう！

あなたは今、どのくらい理想の人生を送っていますか？

もし理想の人生を送っていないと感じるのなら、**あなたが自分の人生の主役だということ**に、気付いてください。

あなたの人生は、会社や家族のものでもなければ、両親やパートナー、友達のためのものでもありません。ましてや、誰かの人生のエキストラでもなければ、誰か他の人があなたの代わりに生きているわけでもありません。

だからもう無理や我慢は手放して、あなたのために生きていいんですよ♡

誰だって、自分の人生という物語の主人公なんです。

たった1回の人生なのに、誰に遠慮して生きてるんですか？
あなた以外に、誰が本気であなたの人生を生きてくれると思いますか？
そんな人、いませんよね？　あなたの人生はあなたのものです！
今すぐあなたが、あなたを幸せにする!!!　と本気で腹を括ってください。

周りの目を気にして、あなたらしく生きていないなんて、世界への損失！
あなたがあなたのために生きて、幸せでいることが、周りの幸せでもあるのです。

自分らしく生きて幸せだなって感じるためには、自分が得意なことや好きなことを楽しむことが大切。たとえば、メイクが得意で女の子をかわいくさせる才能を持っている人は、容姿にコンプレックスを持っている子を、メイクという魔法で笑顔にさせることができます。あなたの能力で他者貢献することは、あなたにとっても、周りの誰かにとっても、幸せをもたらしてくれるんです。**だから、人生何事も自分が主役になって、自分の好きなことをすると決めてください。**

それは、食べるものを、より好きなものを選ぶという小さなことからでもＯＫです。

そういったことを積み重ねていくうちに必ず、自分も幸せになって、周りの人も幸せにできるようになります。

ピンチのときこそ「すべてはベスト」と言い聞かせる

自分が人生の主人公だと自覚したところで、これまでの人生がそうだったように、いいことも悪いこともある。生きていれば、いつも元気なわけじゃないし、落ち込むこともある。そう、映画と同じです。映画って、主人公が困難なことやどうにもならなさそうなピンチを乗り越えていくシーンが、一番ワクワクしますよね！

人生は困難の連続だから、私だって今でも「なんでこんなことが起きるの？」っていうピンチはあります。でも、**逆境はステージが大きく変わる兆し！なんです。だからもはや私は逆境に置かれると、「また私、飛躍してしまうやん♡」って、ウキウキする癖がついています（笑）**。今の私はどんな困難なことが起ころうとも、よくなることがわかっているから、自分の人生を諦めたりしません！

だから、本当の望みを誰にも遠慮せず、たくさん書き出してみましょう。

そして、全部叶えていきましょう。

あなたが主役の人生だから、必ず夢は叶います♡

もし今、理想が叶えられていない方や現状を変えられない方は、どうなりたいのかしっかり決めて、**自分のその望みや夢に対して、真っ直ぐに行動する選択をしてみてください。**「自分を幸せにしたい」、「自分が叶えたい未来に絶対に行く」と、覚悟を決めてください。本気で生きると、必ず人生は変わります！

「セルフラブ」で理想の未来を叶えよう！

「そうは言っても具体的に何をすればいいの？」「なかなか行動を起こせない」「ネガティブな気持ちに引っ張られてしまう……」などなど、不安な気持ちが出てきますよね。私もずっとこう思っていたから、変わりたくても変われない、あなたの苦しい気持ちがよくわかります。でも、大丈夫です。いろんな辛い経験を乗り越えてきたからこそ言えるのですが、**長い長い暗闇を抜け出せる日は絶対にやってきます。**

幸せになりたくてもがいていた私を救ってくれたのが、「セルフラブ」でした。

セルフラブとは文字通り、〝自分を愛する〟こと。**どんな自分も丸ごと受け入れて、愛してあげることで、自分自身が満たされて、自分とのパートナーシップが深まります。**

自分と繋がることができると、自分を信頼することができるので、**今までできないと思っていたようなことも軽やかに行動していくことができるようになるんです。**

人生ドン底だった私が、人生をかけてトライ&エラーしながら証明していっているので、この方法が間違いないと断言できます!!

自分を愛することを積み重ねていけば、誰でも必ず、理想を叶えられますよ♡

ではここからセルフラブで夢を叶えていくメソッドをお伝えしていきますね。

この世に生まれてきて息をしているだけで、100点満点♡

苦しいのは、自分に「バツ」をつけまくっているから

あなたが今、苦しくてイライラが止まらない、努力しているのに結果が出ない……。そんな悩みを抱えているのなら、毎日の生活の中で、無意識に自分のことを否定しているのかもしれません。たとえばこんな言葉を、頭の中でかけ続けていませんか？

・かわいくないからもっと痩せなきゃ
・もっと知識をつけてバカにされないようにしなきゃ
・営業で数字が悪い私には価値がない。もっと努力して頑張らないとダメ！
・彼に尽くしてあげないと愛されない

実はこれ、すべて私がドン底時代に思っていたことです。365日、自分自身のこと

を見張って、ダメなところを探しては、常に自己否定をしていました。**頭の中は常に自分のことをジャッジして、とにかく自分に「バツ」をつけまくっていたんです。**で、それをどうにかしよう、もっと幸せになりたいと思って、常に何かをプラスしようと動き回って、「〇〇ができるようになったら」、「〇〇が終わってから」とますます自分を追い込んでしまう……。常に不足感に苛まれていて気持ちが満たされないから、精神的に不安定で、常にイライラ。私の場合は、食事が取れなくなったり、過食したりという摂食障害としてＳＯＳが出ていました。

何かを目指し続けて、そうなれなかった自分にバツをつけ続けると、自分の首をしめることに。完全に負のスパイラルにハマっていました。あの頃は今思い出しても、本当に本当にしんどかったですね。

だからもうね、あなたも何も足さなくていいですよ!!

そのままのあなたで、今すぐ幸せになる覚悟を決めてください!!

そのままのあなたで、幸せになっていいし、何もプラスしなくていいんですよ!!!

まず、頭の中で否定が始まったときに思い出してほしいのが、「あなたはこの世に生まれてきて、息をしているというだけで、１００点満点♡」だということです。

何か成果や結果を出さないと、あなたに価値がないということは全くありません！

これは前のＣＨＡＰＴＥＲでも言った、学校教育や親が言った何気ない言葉のせいかもしれません。そんな誰かからの刷り込みは捨てて！　ジャッジして、自己否定して、何か付け足さないと！って、どんどんしんどくなるのは、もうやめていいんです。

自己否定が多い人は、人のこともジャッジしている

それに自分にバツをつけていると、他人にもバツをつけまくるんですよね。

・あの人は太っているから「バツ」
・あの人は営業の成績が悪いから「バツ」
・あの人は学歴が低いから「バツ」

こんな具合で、他の人のこともジャッジしまくりです。意識していないかもしれませんが、結局**こうやって人のことを見下しているから、自分も誰かに見下されているんじゃないかとおびえるんです。だから知らないうちに自分のことを追い詰めることになるので、いつまで経っても苦しいままです。**

ですから今、この瞬間から、「自己否定をやめる！」と決めてください。

でも、もし自己否定をしてしまったときも、まずはそんな自分も認めてあげること（具体的な方法については61ページからご紹介します）も大切です。

そして、「この世に生まれてきて息をしているだけで、１００点満点♡」だということを思い出してくださいね。

あなたはただそこに存在するだけで、価値がある存在です。世界でたったひとりのあなたを、あなたがまずは認めてあげてください。そうすると、理想の現実がどんどんと叶っていくようになります。

私も「私のままでいい」と、自分にマルをつけられるようになってからは、本当に見える世界が変わって、どこにでも幸せがあることに気付けるようになりました。そうして幸せに浸っていると、どんどんと夢が叶って、豊かさが拡大していったんです。仕事も恋愛も、住むところも、全部夢が叶って、理想通りの現実が創造できています。

今すぐ幸せになる覚悟を決めて、どんな自分も受け入れて、バツをつけるのをやめること。幸せになることを許可してあげましょう。

どんな自分にもOKを出してあげる♡

自分責めが止まらない自分のことを、まずは受け入れる

でも頭の中で自分への自己否定がクセになっていると、急にやめられないというのもよくわかります。何かあると条件反射でダメ出しして、それに対しても「あー！ またダメ出ししちゃった」って、自分責めループにハマっちゃいますよね（笑）。

そんなときは、**いったん思ったことを、ぜ～んぶまるっと受け入れてあげて、認めてあげてください。自分責めしちゃっても、落ち込まなくて大丈夫ですよ。**

受け入れてあげたら、次のように気持ちを書き換えてみてください。

・ほらまた悪口を言った
→悪口を言いたかったんだね、そっかぁ。傷ついたんだねぇ

・ほらまた継続できなかった
↓そういうときもあるよねぇ。疲れてたんじゃない？
・ほらまた家族にイライラした
↓そりゃ人間だし、イラつくこともあるよね。ゆっくりしよー
・ほらまた早起きできなかった
↓体が疲れてたんだねー、そういうときは休もっか
・ほらまた結果を出せなかった
↓一生懸命取り組んだね！　頑張ったねぇ〜。次はやり方変えてトライしてみよ♡
・ほらまたお金いっぱい使った
↓好きなものいっぱい買えてよかったね♡
・ほらまた不安になってる
↓そっか、不安なんだねぇ。とりあえず温かくしてリラックスしとこ♡

自分に対するジャッジがやめられないときは、**まずはこうやって毎回受け止めてあげて、認めてあげること。**とにかく**自分にやさしく声をかけてあげることを**心がけて

ください。**自分を認めてあげることって、一番安心して癒やされることなんですよ♡**

あなたはそのままで価値ある存在♡

もしあなたの大切な友達が、「今日、寝坊して遅刻しちゃった」と落ち込んでいたら、「そういうとこがだらしないんだよ！」って怒りますか？　「疲れてたんだね。そのくらい大丈夫だよ〜」って慰めますよね。でも、自分のこととなるとできない。やたらと厳しくなってしまう人が多いんです。

それはずっとあなたが、足りない、足りないと頑張ってきたから。厳しさは人を成長させるといいますが、それだけでは疲弊してしまいます。

あなたはもう十分頑張ってきたんだから、友人にやさしく声かけするのと同じように、自分にも寄り添ってあげませんか？　誰よりもそばにいてくれる、大切なあなた自身を認めてあげてください。

あなたはそのままで十分価値がある存在なんだから、もう自分にダメ出しするのをやめましょうね♡

私も何かができないと価値がないと思って、ずっと自分にバツをつけまくって、何かを追い求めているうちは本当にしんどかったです。

でも**「完璧な自分ではないけど、まぁいっか」**と、今の自分のままでいいということが認められるようになったら、生きるのがラクになりました。

完璧な人間なんてつまらない！

それに、完璧じゃないあなただからこそ、魅力的なんです！

漫画の主人公で、なんでもできるパーフェクトなキャラっていませんよね？　すごく秀でているところと抜けている部分、凸凹があるからこそ愛されて、いろんな個性を持った仲間ができる。そして、みんなそれぞれの特技を合わせることで、大きな敵に立ち向かえるんです。

たしかに、ひとりひとりは人生の主役だけど、それって完璧ってことじゃない。自分ができないことを助けてくれる人がいてこそ、豊かな人生になると思うんです。

そう考えると、必ず誰にでも何かの魅力があって、全員が誰かの光なんだなって思います。それに、自分でダメだなって思っているところって、実は他の人から見るとすっごく愛されるポイントになり得るんです。

私の長年のコンプレックスは、「人の目が気になってクヨクヨする」ことでした。昔はこのクヨクヨする性格が本当にイヤでイヤで、短所だから直さなきゃと思っていたんです。でもそうやって落ち込んで友人に弱音を吐くたびに、「そんなところもかわいいよ。なおは絶対に大丈夫だから！」って、びっくりするくらい丸ごと受け入れてくれたし、応援してくれたんですよね。

反対に、私もお友達に悩みを相談されたり、弱みを見せられたり、苦手なことを教えてもらったら、よりその子のことが愛おしくなるなって思ったんです。むしろ人間臭くて、魅力を感じます♡

視点を変えたら、欠点だと思っていたことが魅力になる

それに「人の目が気になる」って、別の側面から見れば、「人の気持ちをわかろうとする人」ってこと。自分にとって短所だと思っていたことが、別の角度から解釈すると強みになることって必ずあります。小さいことが気になる人は、気を遣えるということ

だし、たとえばプライドが高いということも、裏を返せば自信があるということですよね。

自分を俯瞰して新たな視点で見ると、欠点だと決めつけていた面も魅力となることに気付きます。自分で欠点と思っていることって、他の誰かから見たら魅力だったり素敵なところだったりするんです。私もこの変換方法で、「どんな自分もOK♡」って思えて、自分のことを愛おしく思えるようになりました。

そして、自分にバツばっかりつけていた自分をやめられると、人にバツをつけるのもやめられるんですよね。他人のあら探しをするのではなく、素敵なところに目を向けられるようになれました。

そうすると、自分が今までどれだけたくさんの人に支えられてきたかに気付けるようになって、世界がまるで変わって見えるようになりました。どんな些細なことにも、自然と感謝の気持ちが湧き上がってくるようになって「毎日幸せだな～」と噛み締めながら生きています。

エセポジティブをやめる

感情にいいも悪いもありません！ どんな感情もお宝です♡

人間にはいろんな感情があります。嬉しい、楽しい、ムカつく、悲しい、モヤモヤする、クヨクヨする……。

昔の私は、〝嬉しい〟や〝楽しい〟といったポジティブな感情は受け入れられるけど、〝ムカつく〟、〝悲しい〟といったネガティブな感情はよくないものと否定するクセがありました。辛いことがあっても、「いつまでも悲しんでちゃダメダメ！ ポジティブにならなきゃ！」と、**悲しい気持ちに蓋をして、頑張って無理矢理ポジティブに振る舞おうとしていました。**〝**エセポジティブ**〟**ってやつです。**

でも、どんな感情も、すべてがあなたの大切な一部。**たとえネガティブな感情でも**

自分が味わうために存在しています。それに生きていれば、ポジティブな感情ばかりじゃないのは当たり前ですよね。私たちは、ネガティブな感情も味わうために生まれてきています♡

たしかに、**ネガティブな感情って不快さを伴うから、なるべく味わいたくないし、拒否したくなる気持ちはわかります。でも、実はすっごいお宝なんですよ♡**

負の感情って、自分を成長させてあげられるチャンスでもあるんです！

ポイントは、ネガティブな感情をなかったことにするために、無理にエセポジティブにならないこと。そしていったん自分のイライラや怒り、悲しい気持ちを全部受け止めて、**しっかり感じてから、次のステップの原動力にしちゃうこと**です！

私はもともと自分の容姿に、かなりのコンプレックスがありました。それでも10年以上かけて、少しずつ努力して好きになれるようになってきたんですよね。それがある日、出会い系アプリで出会った男性に、心をえぐられるようなこんな言葉をかけられました。

「アンパンマンみたい。整形したら？」って……。

デリカシーのなさにすごく傷つき、腹も立ちましたが、そのままへコんでいられるか！　言われっぱなしでは自分がかわいそうだなと立ち直り、徹底的にさらなる美を追求しようと奮起しました。

自宅では毎日美顔器を使って、美容クリニックではフォトフェイシャルにレーザー治療。スタイルアップのために筋トレもして、自分に似合う髪型も研究し、時間もお金もかけて、ありとあらゆることをやり尽くしました。

こうやって毎日頑張ってあれこれしているうちに、自分でも自分を認められて、少しずつ自信もついてきました。

そしてやっぱり自信って、外見にも表れるもの！　人から、すごくかわいくなったとかキラキラしていると言われることが増えました。

マイナスに思える出来事が、人生を加速させるための踏み台になる！

どういうことかというと、ここで改めて私が身をもって実感したのが、**イヤな人や出来事って、捉え方次第では、自分が飛躍するために必要な起爆剤になるということ**

と。

マイナスな出来事をいかにプラスに変えていくかで、人生が変わります！

私の場合は傷ついて、その後、クヨクヨ引きずり続けることをやめて、「自分磨きしまくったろう」「見返してやる！」というマインドに切り替えたので、徹底的に努力して変わることができました。

今となれば「傷つけてくれてありがとう、おかげでかわいくなれたわ」って感謝が湧くレベルまでに達することができました。辛かったのは本当に心ない言葉を投げつけられた、そのときだけでした。

辛い出来事から得た負の感情も少し俯瞰してとらえれば、上手に付き合えるようになるし、意味があることなんだなって思っています♡

ネガティブな気持ちを封印しない♡

大事なのは、負の感情も認めてあげること。なかったことにして、平気なフリをしないことです。**人から何かひどいことを言われたら、当然、傷ついていいし、怒ってもいいんです。**

負の感情はマイナスだと思っている人は多いと思いますが、全然そんなことないですからね～。どんな感情も大切なあなたの一部なんですよ。

かといって、他人に植えつけられた負の感情にずっと振り回されるのは、本当にもったいないなと思うんです。本来の自分のエネルギーを取り戻すために、そのドス黒い感情を、全部外に吐き出してみるのがおすすめです。

吐き出す方法として手軽なのは、ノートに書き殴ること。「こんなことをされてめちゃくちゃイヤだった」「こういうことを言われてムカついた」など、心に浮かんできた感情は抑え込まずに、すっきりするまで全部吐き出してください！

このとき、「人の悪口なんて言ってもいいのかな？」なんて、いい子ちゃん的な考えは無用です。誰にも見せないんだから、思いっきり、好きなだけ悪口を書きまくってください！　私だってノートを書いているときは、ネガティブ全開の〝デビルなおこ〟になっちゃいます（笑）。

だから安心して、自分のすべての感情を出して、ありのままに味わってくださいね。

負の感情は封印するのではなく、吐き出して、感じきってあげることが必要なんです。**この「感情を感じきる」とは、全力で、今ある感情を感じ尽くすことをいいます。負の感情をいつまでも引きずらず、早めに気持ちの切り替えができるようになるための大切なプロセスです。**

そして、もうひとりの小さな自分と対話するような感じで、「辛かったね」「腹立ったね」って、全力で共感してあげてくださいね。

私も今だってネガティブな気持ちに押しつぶされそうになる日もありますが、そんなときもしっかり負の感情から目をそらさずに向き合ってあげています。

昔は1回落ちると、何日もどよ〜んとしていましたが、訓練しているうちに1日で復活できるようになりました。

ネガティブをダメなものとジャッジするのは、やめてあげてくださいね♡

痛みを伴っても、また立ち上がって前を向けばいいんです。それが、ありのままの自分を愛することだと思いますよ。

基本、女子はこじらせでいい

女性ホルモンの影響を甘く見ない

私は普段、女性向けのビジネススクール「SELFLOVEビジネス講座」を主宰していますが、そこでよくお伝えしているのが、「女子はメンヘラでええんやで♡」ってこと。「どういうビジネス講座⁉」って、びっくりしますよね（笑）。

ここで使っているメンヘラとは、本来の意味での〝精神面で問題ある人〟ではなくて、〝気分にムラがあるメンヘラちゃん♡〟くらいライトな意味なんですけどね。人間ですから、いつも元気なわけじゃないし、めげることがあって当たり前だよねってことです。まずはそんな自分を受け止めてあげることが、とっても大切！

とくに女性は、月経の関係で、どうしてもホルモンバランスの影響を受けてしまいます。小さなことでイライラしたり、やる気が出ない時期があったり、身近な人に八つ当たりしてしまったり……。こういう自分の意思とは関係ない気分のアップダウンは、エストロゲンとプロゲステロンという2つの女性ホルモンの分泌量が変わるから。**ぜーんぶ、ホルモンのせいなんです！**　だから「こじらせていいよ♡」ってお伝えすると、みんな安心するんですよね。

「女性は月に4回性格が変わる」とよくいわれていますが、まさにその通り！　私もホルモンについて勉強したからこそわかるのですが、生理前、生理中、生理後、排卵期で、別人になったかと思うほど性格が変わる人もいるそうです。個人差もあると思いますが、体調もメンタルも調子がいいときって、生理が終わって排卵前までの1週間くらいなんじゃないかな？　**だから、感情がコントロールできなくてメンヘラっぽいな〜と思っても、あなたのせいじゃないんです。**

女性ホルモンの変動によって、体調やメンタルが不安定になるという事実を知っておくだけで、気持ちもラクになるし、対策も立てられますよね。なので私は、生理周期を管理できるアプリを使って、自分の状態を把握しておくようにしています。

自分のトリセツを作っておこう♡

私の場合、生理前と生理中にメンタルがやられて、気分が落ち込みやすくなるタイプ。でも、アプリで管理をしておくと、あらかじめ、どの時期に気分をこじらせやすいか予測できるので、心の準備ができるようになりました。もちろん気分の落ち込み自体をなくすことはできませんが、もし落ち込んだとしても「あ、生理前だから仕方ないよね」と気付いて、ムダに自分責めをしなくなったのは一番心が救われたところ。そういうときは、ひたすら落ち込んでもいいんです♡

あとは、自分のサイクルを見極めて、負担がかかりそうな生理前は、なるべく大切な仕事を入れないようにしたり、ゆったり過ごせるように余白を作るスケジュールに調整する工夫をするようになりました。

また、パートナーがいるなら、「ちょっとそろそろ機嫌が悪くなるかもしれないけど、よろしくね♡」と、自分のトリセツ（取り扱い説明書）を伝えておくことも大事。こうしておくと、少々八つ当たりしても許してもらえたり（笑）、ムダな衝突がなくなるのでおすすめです。「伝えたところでわかってもらえない」なんて諦めは禁物。バンジーしようのところでも書きましたが、相手に伝えることは大切です。相手に察してもらおうとする〝察してちゃん〟はやめて、自分でちゃんと伝えましょうね。

私のことを大切にしない人は「大切にしない」と決める

心を消耗させる人間関係を断ち切ろう

今のあなたの人間関係、改めて振り返ってみましょう。周りにいる人たちは、本当にあなたにとって大切な人ばかりですか？　その人たちは、あなたのことを大切にしてくれていますか？

たとえば、何かとあなたを否定してくる、一緒にいるとイライラさせられることが多い、口を開けば他人の悪口や噂話ばかり、愚痴が多くて会うとどっと疲れる……。

昔からの友達だからとか、仕事でお付き合いがあるからとか、この人といると得しそうとか、そんな理由で自分に我慢をさせて、心では違和感を持っているのに、気付いていないフリをしていませんか？　本当はあなたもわかっているはず！　そういう人はあなたの人生には、とっくに必要ない人たちですよね。

恋愛関係でも同じです。

口やＬＩＮＥでは「愛してるよ」とか「会いたいね」「好きだよ」って言うけれど、会う時間を作ってくれない。連絡しても返事がこない。カラダだけの関係で、付き合ってくれない……。これって、悩むまでもなく答えは出ていますよね!?

自分が自分を大切にするから、他人からも大切にされる

こういう現象って、自分が自分のことをみくびっていたり、大切にしていないよというお知らせです。そのことをあなたに気付いてもらいたくて、あなたが大切にされない現象を引き起こしているんです。

自分のことを大切にしない人は、人からも大切にされません。

振り回されて疲れるばっかりの人間関係や、苦しい恋愛を続けている方は、心から自分のことを大切にして、これ以上自分を傷つけないと決めませんか？
決めると、そもそも自分のことを大切にしてくれない相手は、友人や恋人の選択肢に入ってきません。だからもしあなたが今、自分を傷つけてくるような人たちといるという選択をするということは、あなた自身が自分を大切にしていないから。あなたが、自分で自分を傷つけているからなんです。このことに気付いたらまず、自分のことを大切にして、慈しんであげてください。

自分を大切にする＝自分の気持ちを最優先にしてあげることです。あなたが自分を尊重して大切にし始めると、その瞬間から人との関係性は変わります。

モヤッとしたときは、相手に「大切にしてほしかった」という素直な気持ちを伝えてください（バンジーしてください）。その結果、相手と離れることになっても大丈夫。もちろん、言いたくなかったら、そのまま離れたらいいんです。すべての選択権は、あなたにあります！

私は「絶対に何があっても自分を大切にする！」と決めているので、少しでも自分が尊重されていないないなと感じた人には、しっかりと言葉で伝えています。それでも私と考え方や大切にしていることが違うなと思った方とは、お互いのためにもお付き合いをやめることにしています。

今の私は、私のことを大切にしてくれる人や一緒にいて安らげる人と、心地いい環境で過ごすことを意識していますが、そうすると、心からの安心感と幸福感に包まれているので、毎日大好きな自分でいられるようになりました。

自分に対する愛で心が満たされると、自信に溢れ、笑顔も輝き、しなやかなメンタルも兼ね備えた自分になれます。そうすると、望み通りの人生を自分の力で切り開き、豊かな人生を歩めるようになれるんです。

あなたも騙されたと思って、思いっきり自分のことを大切にしてあげてくださいね♡

みんなに好かれたい願望を捨てる

人から嫌われることを恐れない♡

私がやめて、すっごくラクになったことがあります。それは、**みんなに好かれようとすること**。昔は嫌われることが怖かったんですよね〜。

でもね、人気者の芸能人ですらアンチがいるんです。それも、名前も知らなければ会ったこともない人から、勝手に嫌われていますよね。残念ながら、全人類に好かれる人なんて存在しません！　なのでみなさんも、全方位から好かれることは諦めてくださいね♡

「262の法則」はご存じですか？

別名「働きアリの法則」とも呼ばれていて、アリの巣の中では、「2割」のアリがよく働き、「6割」は普通に働き、「2割」は働かずにサボる。そして、サボっているアリを排除しても、やっぱり「2：6：2」の割合に戻って、2割のアリがサボり始めるとされています。

このようにアリの世界でも人間の世界でも、組織になると「262の法則」が当てはまるといわれています。**人間関係も同様で、自分のことをとても好きな人が2割、どちらでもない人が6割、嫌っている人が2割いる**ことになります。

だから、あなたがどう気を遣おうがやさしくしようが、どのみち2割の人からは、息をしているだけで(笑)、嫌われる可能性があるということです。

だから、みんなに好かれようとして顔色をうかがったところで、どうしようもないんですよね。自分の我慢が増えるだけです。**好意的ではない2割の人とは、わざわざ積極的に関わる必要はありません。スルーして「すんっ」てしとけばOKです♡**

忘れないでほしいのが、自分のことを嫌いな2割がいる一方で、何があっても自分を好きでいてくれる2割の人もいるということです。一部の人からは嫌われるけど、必ず自分の味方になってくれる人もいると思えていれば、ラクに生きられます。

大切なことは、自分を好きでない人たちのことを気にするのではなく、自分らしさを貫くこと。自分らしさって、イケてなくてダサい自分も含めてだと思うんです。

ダメダメな自分を自己開示するほど愛される

私も、全方位完璧な自分であることを目指して必死に頑張ることをやめ、どんなダメな自分も大切にして愛してあげようと決めたときに、人生が変わりました。そして少しずつ、自分のダメなところを親しい人たちに開示することができるようになって、ようやく心が解放されたんです。そしたら嫌われるどころか、みんなから「そんなおちゃんが大好き！」と言ってもらえることが増え、どんどん幸せ度が高まりました。

ダメなところも弱いところもさらけ出して、自分に嘘をつかないで生きているほど、不思議と自分のことを好きな人だけが集まってくれることを実感しています。

そして大好きな人に囲まれて生活していれば、人間関係の摩擦も起こることがありません。自分を全肯定してくれる環境に身をおくことが叶います。

自分を大切にしたいなら、みんなに好かれることは諦めてください！　これが、セルフラブを深める近道です。

自分が自分を認めて褒めてあげる♡

日頃から自分にかけている言葉が、現実化しているだけ

言葉の力って、絶対にあります！

昔の私は、さんざんお伝えしてきたように、常に頭の中で自分を否定していて、四六時中、自分いじめをしていました。声にこそ出していませんでしたが、脳内では「やっぱりダメだった」「どうせかわいくないし」「またできなかった」と、投げかけるのは自分への悪口ばかり……。

こんな言葉がけをしていたから、頑張りたいのにやる気が出ないし、愛されたいのに雑に扱われる現実を創り出していたのも当たり前だったなと、今なら思えます。

ということは、言葉の力を味方にすれば、現実を変えていけるということ！

そのためには、自分を否定するのではなく、自分が自分を褒めてあげればいいん

です。自分が自分を褒めることは、アファメーションのような効果があるんじゃないかなと思っています。アファメーションとは、自分に肯定的な言葉をかけてあげることで、なりたい自分を手に入れるための**自己宣言**のこと。

「私は魅力的です」「私は仕事で成果を上げています」のように、**自分がすでに理想の状態になっていることを宣言することで、なりたい自分になれる手法**として有名で、ビジネスや教育の現場でも取り入れられています。

たとえば、世界的に活躍しているプロサッカー選手の本田圭佑さんは、子どもの頃からアファメーションを行っていたそうです。彼が小学生のときに書いた卒業文集には「ヨーロッパのセリエAに入団します。そしてレギュラーになって10番で活躍します」と書かれていました。実際、彼はセリエAのチームに入団し、背番号10番を獲得しています。すごいですよね！

これと同じ効果が、褒め言葉にはあると思っています。

もちろん最初は、長年自分責めをしていたので、自分に肯定的な言葉をかけても違和感がありました。でも、無理や我慢を少しずつ手放していくうちに、今の自分でいいじゃないって思えるようになって、どんな自分も愛しくなると、だんだん抵抗感なく言葉を受け取れるようになりました。

自分褒めはレベルアップしながらでOK！

私の場合、いきなり「私はかわいい！」は、ちょっと受け取り拒否になりそうだったので、最初の頃は**「まぁいっか、これで最高だよね！」**とよく言っていました。声に出して毎日言いまくれば、そのうち慣れましたし、ずっと言い続けて自分の言葉を聴いているうちに「そうだよね〜」と、脳と心に刷り込まれていくようになってくるものです。そのうち親友と一緒になって、**「常に今がピークで、今が一番かわいい♡」**と言いまくって、褒め合っていましたね（笑）。

でも実際にこの頃から、気が付いたら周囲の人たちからキレイになったと褒められることが増えてきて、やっぱり、言葉の力ってあるんだなぁと実感していました。

自分に対して肯定的な言葉をかけてくれる人のもとに身を置くことを意図的にやっていたことも、功を奏したと思います。

そして、心から「自分最高！」と思えている現在は、**「かわいくて〜、やさしくて〜、稼げて〜、自分大好き♡」と、毎日自分に言っています（笑）。**

毎日幸せを感じすぎて、夫には「自分大好きちゃんだね」とか「ほんと幸せちゃん」って呼ばれています♡

実は結婚して、8キロ太ってしまいました。人生の中でマックスなんですけど（笑）、めちゃくちゃ夫に溺愛されています。昔は、摂食障害だったし、ちょっとでも体重が増えると、「痩せないと誰からも愛されない」と思い込んで絶望していましたが、今となれば本当に、自分で自分に言葉で呪いをかけていただけでしたね。

人からの褒め言葉を、素直に受け取ろう♡

また、人からの褒め言葉を素直に受け取れない人もいますよね。「いえ、そんなことないんです」「私なんてまだまだなんです」って、否定しちゃう人。

謙遜のつもりかもしれませんが、人からの好意もうまく受け取れなくなってしまいます。そして自分をけなすことにもなりますし、褒めてくれた人のことを、否定することにもなりかねません。

いきなり自分を褒めることが難しい人は、まずは受け取り上手になる練習をしましょう。**何か褒められたら、「嬉しいです」「ありがとうございます」と、素直に受け取る練習をしてみてください。最初は違和感があっても、そのうち慣れてくるので大丈夫です。練習あるのみですよ！**

そして現実を変えたい方は、まずは常日頃、自分にかけている言葉を見直してみませんか？　他人に求めても、誰も満たしてくれませんから、自分が自分を認めてあげて、褒めてあげましょう。ポジティブな言葉を使って、現実を自分のなりたい姿に変えていきましょうね♡

自分自身と親友になる♡

自分の小さな願いを見逃さないで

「自分のことを大切にする、自分を愛する」ということが、なかなかピンとこないなという方におすすめしたいのが**「自分自身と親友になる♡」こと！**

自分と親友になることで、どんなダメな自分でも受け止めてもらえる、ありのままの自分でいられる安心感に包まれます。

・自分が居心地のよくなるように過ごせるように、環境を整えてあげる
・自分が何をしたら喜ぶか考えてあげる
・自分に好きなものをプレゼントする
・自分に大好きと伝える

自分自身が喜びそうなことを、どんどんしてあげましょう。とにかく自分が好きなことをして、今この瞬間の喜びをしっかりと感じ取ってみてください。

そのためには、どんな小さな望みにも気付いてあげて、日頃から自分で叶えてあげること。もうひとりの自分をイメージして、「今日は何したい？」「今日は何時まで寝たい？」「何が食べたい？」って、毎日その子に聞いてあげてみてください。

・今日はどうしてもパスタが食べたい
・おいしいコーヒーが飲みたい
・気分が上がるお洋服を着たい

こんな声が聞こえてきたら、それを自分で叶えてあげて、自分を幸せにしてあげる。やるのはたったこれだけです。でも、どんな小さな願いでも見逃さずに望みを叶えてあげていると、しだいに自分への信頼感も高まって、大きなこともどんどん叶えられる自分になっていくのではないかと思っています。

実際に私も、このことを意識するようになってから、人間関係も仕事も流れがよくなって大きなチャンスを掴むことができるようになりました。

自分ファーストで生きていい♡

女性は実は先に自分が喜びに満たされないと、周りに与えることができません。だから自分を犠牲にしてまで、周りに与えなくていいんです。誰の目も気にせずに、自分の喜びのために生きてください。

「みんながこうしてるから」なんて、誰かのために生きるのはやめましょう。**自分がいかに居心地いいか、楽しいかにフォーカスしてください。**

昔はこんな自分のままでは理想の人生を叶えられないと、苦手なことを克服しようとしたり、人よりも何倍も努力しなくちゃと頑張ったり、でもやる気が出ない自分に落ち込んだり……。本当に心が疲れて病んでいました。

でも、どんな自分も大切にして生きるようになった今は、昔とは比べ物にならないくらい行動できるようになったし、やりたいことも伝えたいことも溢れています。

だからどんな自分も愛してあげて、軽やかに生きていきましょうね♡

今はそんなふうに思えないという方も、決して諦めないでくださいね！　私が変われたように、必ずあなたにもその日が訪れますよ♡

CHAPTER 3

親子関係を見つめ直す

生きづらさは、母親との関係が原因だった⁉

人生がイージーモードになる自己肯定感のルーツ

あなたは今、こんなことで悩んでいませんか?

はたから見れば仕事もプライベートも充実して幸せそうなのに、心はむなしくて満足感がない。いつも「もっと頑張らないと」「こんな自分じゃダメ」と自分を追い込んでしまう。こんなふうに生きづらさを感じているとしたら、自己肯定感が低いことが原因かもしれません。

この自己肯定感という言葉は、心理カウンセラーの方や自己啓発本でよく使われているので、ご存じの方も多いと思いますが、CHAPTER 2でお話しした「セルフラブ」と同じ意味ですね。

心理学の世界でも自己啓発の分野でも、幸せに生きていくためには、ありのままの自分を価値ある存在だと受け入れる自己肯定感が必要だとされています。

じゃあこの自己肯定感が高いか低いかってどこからきているのかというと、親、とくに母親との関係性が影響を与えるといわれています。**だから、根本から解決するには、今、幼少期からの母親との関係にしっかりと向き合う必要があるんです。**

お母さんに褒めてもらいたくて生きてきた

人はみんなお母さんから生まれてくるし、お母さんがいないと生きていけないし、赤ちゃんからしたら神様みたいな存在。だから子どもってみんな、無条件でお母さんのことが大好きですよね。

私も物心がついてからはずっと、母に認めてほしくてめちゃくちゃ頑張っていました。学校でなにかの代表に選ばれたり、成績がよかったり、運動ができたりすれば、周りからすごいねと言ってもらえて、母が笑顔でいてくれる。

「私がすごいことをすれば、お母さんの機嫌がいいし、褒めてくれる!!」と気付いてからは、とにかく母を喜ばせたくて優等生をしていました。

でもその一方で、算数の成績が悪くて鬼のように怒られると「あーやっぱり私ダメなんかな」と落ち込む。地元で一番偏差値の高い高校に行けなかったから「あーやっぱり私ダメなんかな」と喜べない。国立大学を諦めて私立の大学に入学したときも「あーやっぱり私ダメなんかな」と気持ちが沈んだり。

社会人になってからも、とりあえず有名企業に就職できたから「大丈夫かな？　喜んでくれるかな？」と母の顔色をうかがい、会社を辞めたときは「またガッカリさせるかな？」とへこみ、独立したときは「褒めてもらえるかな？」と期待する。

・お母さんに気に入られるように、いい子でいなきゃ
・期待に応えるために、結果を出さなきゃ
・怒られないように、言うこときかなきゃ

思い返せばとにかく万事がこんな感じで、何をやっても母の言動が気になり、いつも母の機嫌に神経を研ぎ澄ませていた自分がいました。ずーっと、母に認められたく

て、褒めてほしくて、生きてきたんですよね。だから「何かに優れていないと私はダメだ」という思いが強くて、どんどん心がすり減っていったのだと思います。

そして、そんな荒んだ心は、いつしか体も蝕んで……。

どうしようもない虚無感や孤独感から、食べては吐くという行為を繰り返すように。そう、15歳から30歳までと、長い間重度の摂食障害を患っていました。合コンに行けば、食事を中座して、トイレですぐに吐く。帰宅途中に、コンビニで菓子パンやデザートなどを2袋分ぱんぱんに買い込み、自宅でむさぼるように食べては、すぐさまトイレで吐く。さらに胃を空にしたくて下剤を必要量の倍飲んでしまう。そんな生活を繰り返していました。そして、それを家族にはバレないよう必死に隠していたんです。

京都の大学に進学するため、18歳で香川の実家を出てからは、親とは年に数回会う程度だし、親に認められたいという気持ちもだいぶ薄まってはいました。

でも、この「親に褒められたい、認めてもらいたい、すごいと思われたい」という気持ちが消えてなくなることはないんですよね。向き合わないまま放置していても、**こ**

の「褒められたい、認められたい、すごいと思われたい」という気持ちは無意識に、求める相手を代えて、ずっとずっと繰り返すんです。

私の場合、社会に出たら、親が会社の上司にすり替わりました。上司に認められたくて営業の数字を上げることだけが目標になり、わかりやすい数字という成績に一喜一憂するように。心の警告を無視し続けて、「まだ頑張れる」「こんなことでめげてはダメ」と、心身ともにムチを打つ日々……。でもある日ぷっつりと、糸が切れたように足がすくんでしまいました。

思ったような結果が出せない自分を追い詰めて、誰かと比べて自分に足りないもの探しをしては、苦しくなる。自分を押し殺して我慢するのがクセになり、本当は何がしたいのかわからない……。他者からの承認がないと自分のことを認められないから、自己肯定感はいつまで経っても低いまま。

そして一番しんどいのが、こんなに我慢して頑張って、自分以外の何者かになろうとしているのに、なにひとつ報われていないこと。仕事でも恋愛でも、本当に辛くてしんどい現実に押しつぶされそうでした。

親のために生きる人生をやめたら全方位うまくいく♡

誰かに褒められたくて、誰かのために生きている人生って、なんなんだろう。

こんな自分が心底イヤで、望んでいない現実にも飽き飽きして、本気で変わりたいと思ったあの日から、本気で自分と向き合い始めて、**自己肯定感の要となる母とも向き合う覚悟**を決めました。

親のための人生ではなく、自分が自分の意志で、私の人生を歩むために。

もう親のために頑張らなくていいと気付いてからは、あとで書きますが、親に本音でぶつかり、自分を縛っていた親の価値観を切り離すことができました。親の価値観で生きるのをやめることで、やっと本当の自分を取り戻すことができたのです。

そしてたくさん頑張ってきた自分を認められるようになって、「今の自分でいいじゃん！」と心から思えるようになりました。

結局ね、何者かにならなくても、どんなにみっともなくても、本当にフツーのありのままの自分で、自分のことを好きになれたら、親に好かれようが、好かれまいが、どうでもよくなるんです。

だからもし、あなたが過去に母親との関係に悩んでいたとしたら、人生が変わる伸びしろしかありませんよ♡

人によっては、母親ではなく父親との間にわだかまりがあるという人もいるかもしれないので、ご自身の親との関係を省みてください。

これからお伝えする方法の中で、自分にもできそうだなと思うところから取り入れてみてくださいね♡

つい最近まで自己肯定感が低くて、長年親との関係をこじらせていた私も変われたから、あなたにも絶対できます！

私自身は、親へのわだかまりが完全に解けるまでに3年かかりました。親と向き合ったところですぐには変わらないし、途中で気持ちが揺さぶられて辛くなるかもしれません。自分の心と向き合いながら、焦らず、無理せず、できそうなことから進めてくださいね。

私は私。親は親。親からの呪いを解く

子どもの人生は親の影響が100%!?

あらためて、子どもの頃って、親が褒めてくれたり喜んでくれることが「いいこと・正しいこと」で、親が悲しんだり怒ったりすることは「ダメなこと・悪いこと」だと思っていませんでしたか？

子どもって多くがそうだと思うんですが、親に怒られたりダメだとされることは、世間的にも絶対にダメで、いけないことだと思ってしまう。逆に、親に褒められると「これでいい、こうあるべきなんだ」って無理して頑張ってしまう。

勉強がよくできる子や親の言うことを聞く子はいい子で、自己主張が強い子はわがまま、協調性がない子は悪い子……。

でも、それってすべて本当なんでしょうか？

たしかに、社会の中で生きていくため、円滑な人間関係を築けるようになるために、信号は守るとか、ありがとうごめんなさいを言えるようにするとか、必要なルールやマナーはあります。法に触れたり倫理に反したりすることもダメですよね。

でも、**子どもの頃に学んだ「いい・悪い」の基準には、親の価値観が入り込んでいることが多いのです。**

たとえば「大企業に就職するべき」「結婚するべき」「子どもを持つべき」といった「〜すべき」は、今の時代にはそぐわない古い価値観ですし、子どもにとっての幸せな選択なのかどうかは別です。そうなったら親が「嬉しい」だけかもしれません。

でも厄介なことに、親からの影響力って絶大で、無意識に刷り込まれているものなんです。というのも一般的には、高校を卒業するまでの18年もの間、親と衣食住を共にすることになります。その間ずっと、親の会話を耳にし、行動を目にするわけなので、当然ながら影響を受けざるを得ません。

私自身も18歳まで実家で暮らしていて、それ以降は親元から離れているわけですが、子どもの頃に言われた親のなにげないひと言って、大人になってもインストールされたままなんだなと感じます。

ここでひとつ、母からの言葉によって、長年盛大に勘違いしていた私の思い込みエピソードをお話ししますね。今でこそ、しゃべっていると「声かわいいね」と言われることが多いのですが、私自身は長年ずーっと、地声は低く自分の声はよくないと思い込んでいたんです。

なぜなら、母にそう言われていたから(笑)。本当に自分では一度も、声のトーンが高いとは思ったことがなかったんですが、実際に私の声を聞いたことがある人からは「え、どのへんが声低いの?」って総ツッコミが入りそうなくらい低くはないのです。

そのくらい、なにげない親の言葉って影響力があります。このエピソードは笑い話ですみますが、ときに子どもの心に抜けないトゲを刺し、生き方そのものまで制限することにもなりかねません。

「あなたは何をするにも遅い子ね」「なんでこんなことができないの」といった言葉は、親にとっては悪意を持って発した意図がなくても、子どもは「自分を否定された」と感じてしまいますよね。

なにげない親の言葉をそのまま受け取ってしまい、「自分はそうなんだ」と思い込むようになると、自己肯定感が低くなったり、自分の可能性の芽を摘み取ることになってしまいます。

親の価値観に縛られていると自分らしさが制限される

でも、親の価値観に縛られていると、自分らしさを見失うんです。

親の言う通りに生きてきたものの、それは親の望む人生であって、自分が幸せだと思えない。

自分の本心とは異なる人生だから苦しくなるし、満たされない。

かといって、ずっと親の期待に応えることが正解だと思ってきたから、今さら自分が何をやりたいのかもわからない。

もしくは、やりたいことがあっても、親に賛成されないのではと恐れて、チャレ

ンジできない、という人もいるかもしれません。

でもね、これって本当にもったいないなと私は思います。
親の敷いたレールに乗ったまま、思考停止で人生を進めて後悔しませんか？
たとえば、代々医者家系で、親の言うがままに疑うことなく医者になると決めてしまったら……？

それが本当に自分でもやってみたい職業ならいいですが、親を喜ばせるために選んだとしたら、あなた本来の魅力や才能も、やりたいことや叶えたい夢も、自分で見ないように蓋をしちゃっているわけですから。

「親を切る」宣言をしよう！

だからね、もう、親を切りましょう‼

「親を切る」ってちょっと過激な響きですが、親との縁を切るという意味ではなく、親の考え方と切り離して、自分の考え方で生きていくことを指しています。

私も今、親元を離れて20年近く経っていますが、最近まで本当に親の価値観を素直に採用していたなーと実感しています。

たとえばお金。私は、定年退職まで銀行員一筋という厳格な父のもとで育ったので、お金に関してはかなり保守的なことを、こんこんと言われ続けていました！

「貯金しなさい」「お金はすぐになくなる」「いいときはいっときだけ」

数年前まではほんとに、父の言ったこの言葉が、細胞の隅々まで沁み渡っていました!!　ちなみに起業するときも、「お前なんかにできっこない！」って言われましたが、まあ、それも今では笑い話になりました。

ただ私がもし、未だにこの考え方を採用して人生を生きていたなら、ドバイで5つ星ホテルに暮らしながら、たくさんの素敵な講座生に囲まれて好きなことを仕事にし、億単位を稼ぎ、愛する夫と好きなときに好きな場所に旅する生活は、絶対に叶えられませんでした。

だからもしあなたが生きづらさを感じているなら、親の考え方と自分の考え方を切り離して自分の人生を本気で考えてください。自分を縛り付けていた親の価値観から解放されることで、お金も仕事もパートナーシップも、あなたの理想通りに叶えていくことができます。夢を自分の手で叶えてきた私だからこそ、言い切れます！

ちなみに「親を切る」といっても、親からの教育や価値観をすべて否定することではないですよ。合わない価値観や、採用してしんどくなる考え方だけ捨てて、「いいな」と思うことだけを採用してくださいね。

自分の人生のために、価値観の採用・不採用を選択していくのです。

私も親から教わったことで、感謝していることはたくさんあります。

小さい頃からそろばん、水泳、ピアノと習い事を続けさせてもらったことで、何事も諦めずにやり抜く継続力が養われましたし、「勉強しなさい」って口うるさく言われていたけれど、一生懸命に取り組むことの大切さが身につきました。

私が今、ビジネスで成功できたのも、目の前のことに誠実に一生懸命向き合ってきたから。そして、思うようにうまくいかないときも、諦めずにコツコツと続けてきたからだと思っています。

思い出してくださいね。

あなたはいつでも、自分の人生の主人公なんです♡

主人公だから、自分で人生の舵取りをしていけるし、何事も自分で決めていいんです。いつのまにか入り込んだ親の価値観から自分を切り離して、あなたが決めた人生を選択しましょうね♡

WORK 5

今の自分に影響を与えている親の価値観を書き出してみましょう。

そして、これからも採用するものには「○」、採用しないものには「×」をつけます。

「○」にした価値観だけをあなたの人生に取り入れることを決意します。

被害妄想癖をやめる♡

自分が見ている父だけが本当の姿ではない

前のページでも少し書きましたが、私が会社を辞め、起業して独立しようとしていたとき、父に大反対されて大喧嘩したことがあります。「起業なんてお前なんかにやれるわけがない」って、ろくに話も聞かずに否定されました。

でもそのときに「何で自分の子どものこと信用できんの？　ちゃんと認めてほしい」と泣きながら、本心を伝えられたんです。それこそ、バンジーですね。

もしかしたら、初めて父に自分の本音を言えた瞬間だったかもしれません。

起業なんてやれるわけないって、やる前から決めつけてほしくなかったし、たとえ挑戦しても成功できないかもしれません。でも親が、いい大人になった子ども（私）にやりたいことを我慢させたり、挑戦することを諦めさせるようなことは、してほしくなかった。私はただ「なおちゃんなら、やれるよ」って父に応援してほしかったんです。

見守ってくれて、応援してくれるのが父親の愛情だと思っていたので、「娘の夢を応援してくれないお父さんなんて、父親じゃない！」くらいに思っていました。そういった自分の感情にも向き合い、父に本音を伝えられたことによって、親の価値観を切ることができるようになりました。

まぁ、娘の涙に弱かったのか、そのあと父から返ってきた言葉は、「好きにせい」だったんですけどね（笑）。

でもこのあと、少し時間が経ってから実家に帰ると、「なおちゃん、何か困ったことあったら、絶対一番にお父さんに言うんやで」と言ってもらえるようになりました。しかも最近では、「なおちゃん仕事どう？　お父さんにやれる仕事ある??」とたまに電話までしてきてくれるように！

「お父さんは私のことを認めてくれないんだ。愛してくれていないんだ」って被害妄想をこじらせていましたが、やみくもに厳しいだけではなく、心から自分のことを考えてくれていたのだと実感しました。父なりに私のことを大切にしてくれて、愛情を持ってくれていたんですよね。口下手だけど愛情いっぱいの父の偉大さに気付くことができて、尊敬と感謝の気持ちが増しました。私が望むような愛し方じゃなかっただけで、父は父なりのやり方で愛してくれていたんだなって。

そもそもうちの父は、真面目で頑固。銀行員として着実なキャリアを重ねた安定志向タイプだし、銀行員だったからこそ、起業する人の苦労を誰よりも身近で見てきたと思います。そんな父からしたら、「人生は厳しいもの」「お金はすぐになくなるもの」「子どもには地に足をつけてほしい」と思うのは、当然のことかもしれません。

それなのに娘が突然起業するなんて言い出したら、父親として心配しますよね。

親としては子どものことを大事に思っていたとしても、子どもがちゃんとその愛情を受け取っているかは別問題なんだなって気付いたんです。

自分が求めている理想の愛情が親からもらえなかったからといって、愛されていないと思い込むのは、被害妄想すぎますよね。

いい子ちゃんだった私が、母に怒りと恨みをぶちまけた！

母についてもそう。視点を変えて過去を振り返ると、母には母の事情があったのかもしれないと思えるようになりました。

先のページでもお伝えした通り、私は母に、子どもの頃からすごく厳しく育てられてきました。とくに教育関係！　とにかく勉強しろと口うるさい親だったんです。テストの点数がちょっとでも悪いものならひどく怒られるので、お母さんを悲しませる自分はダメな子なんだなーって落ち込んでいました。

そして33歳になったある日、長年溜まりに溜まった怒りと恨みが爆発しました。いい年齢になった娘が母親に対して、怒って泣きわめいて、感情をぶつけたんです。しかも2回も（笑）!!

過去のことを掘り起こして「あのときはこんなふうに辛かった」「なんでそうやってお母さんはいつも私のこと認めてくれないの？」と、苦しかった胸の内を全部ぶちまけました。長年摂食障害だったことも、このときやっと打ち明けたんです。

母だからといって完璧な人間じゃない

でも、大人になって過去を俯瞰して見られるようになると、あの頃の母の気持ちや置かれていた状況が、少しずつ想像できるようになったんですよね。

そもそもなんでお母さんって、あんなに厳しい育て方をしてたんだろうって。

仕事で多忙な亭主関白の父を持ち、祖父母と同居しながら、兄と姉と私、3人の子育てをワンオペでこなしていた母。

子育て未経験の普通の一般女性が、20代で初めて母になり、子育てを手探りでやってきたんだから、そりゃ大変なこともたくさんあったよねって理解できたんです。精神的にいっぱいいっぱいだったんだろうなと。

あんなに学校の成績にこだわっていたのも、父や親戚関係が、銀行員、医者、公務員しかいないという、世間的にもお堅い一家だったことも関係してたのかなぁとか。

しかも親世代の頃って、まだまだ学歴が重視されていただろうし、私の将来を思って「いい大学に行って、いい会社に入れば将来安泰だから、勉強をさせなくては！」というプレッシャーも大きかったのかなって、想像できるようになりました。

それに同居していた祖父は足が悪く、認知症もあり、介護が必要な状況でしたが、最初の頃はヘルパーさんも頼んでいませんでした。父は仕事で忙しく、介護にあまり関われなかったので、母が祖父の下の世話から食事、着替えなど、何から何までほとんどひとりでお世話をしていたんです。祖父の介護をしながら、子育てもしていれば、そりゃあ心に余裕がなくなって追い詰められますよね。

この気付きに至った33歳の私がどうだったかというと、全然完璧じゃない自分でした。ちょっと前まで人間関係も仕事もボロボロで、ダメなところもできないこともいっぱいあって、ましてや結婚も子育てもしていません。

でも母は、私のことも出産して、頑張って子育てをしてくれていた頃。完璧な母親じゃなくて当然だし、仕方なかったんだなぁって。私と同じようにもがいていたのかもしれないなと、同じ女性として心を寄せることができたんです。

そう考えると「もういろいろ過去に囚われて執着するのやーめた！」と心底許せたし、母への恨みを手放せました!!

「お母さん、お互い今も成長段階だし、共に成長していこうね」という心境になったんです。本当に愛されているということもわかって、心から安心して満たされたので、自己肯定感が高まりました。

今だからこそ、お母さんの子どもでよかったって、心から言えます！

「産んでくれてありがとう」と。

そもそも親だからといって、完全無欠の人格者ではありません。

私たちと同じように、人間関係や仕事のこと、お金のことや子育てについて悩んできたひとりの人間なんですよね。年齢を重ねたからといって悩みはなくなるわけでもないし、心が傷つかなくなるわけでもありません。

むしろ、家庭を持ったり、仕事を持ったりと責任感が伴う立場になることで、迷いも悩みも増えるばかりなのではないでしょうか？

リフレーミングで、親への被害者意識と思い込みを変えよう

大人になった自分が、当時の親の状況や価値観を想像してみると、「愛されていなかった」「心を傷つけられた」と思っていた出来事に寄り添えるようになったり、厳しくて厳格だった親のまったく別の顔が見えてきました。

これは**心理学の用語で「リフレーミング」と呼ばれている手法で、別の視点から出来事を見ることで、思い込みや固定観念を変えることができる思考法です。**

たとえば、水が半分入ったコップを見て、「もう半分しかない」と思うか、「まだ半分もある」と思うか、とらえ方はその人次第ですよね。

「親の顔色をうかがってばかりで、人に心を開くことができなくなった」という苦痛の種には、「人の気持ちがよくわかるので、共感力が高い」というプラスの側面も見えてくるのです。人に気遣いができるので、身近な人からは、よく気が利く人だと思われているかもしれません。

このように、**視野の狭い子どもの視点からではなく、視座の高い大人の視点で見**

方を変えると、建設的なとらえ方ができるようになるんです。

リフレーミングは、親本人と直接対峙しなくても大丈夫。だから親に謝ってもらうとか、理解してもらうとか、関係性を変えるために働きかける必要はありません。親に対する先入観を捨て、フラットな目線で、事実だけをありのままに見るのがコツです。

どんな過去があったとしても、どう解釈するのかは自分で決めることができます。あなたが傷つけられたと思っている出来事は、一方通行の子どもの目線で見た結果に過ぎません。コインの表と裏のように、親から受けた心の傷にも、その出来事を客観的に見られるようになると、なにかしらあなたにとってプラスに作用している面があることに気付くと思います。

親はなんでもあなたの願いを察してくれるエスパーでもなければ、完璧な神様でもありません。親には親のストーリーがあって、ただのひとりの人間なんだということを理解すれば、親へのわだかまりもなくなります。

過去の辛かった出来事をリストアップし、ひとつひとつ丁寧に、リフレーミングしてみてくださいね。少しずつ実践することで、心が癒やされていくのを実感できますよ。

♥ WORK 6

あなたが親に対してネガティブな感情を抱いた出来事を書き出してください。

親の立場になってみて、なぜそんなことをしたのか、言ったのか、考えてみましょう。また、その出来事が現在のあなたにとってメリットになっている面を書き出してください。

ex.ピアノを買ってほしかったのに、母に「そんなお金ないわよ」と言われ、買ってもらえなかった→母「この子は飽きっぽいから、どうせすぐにピアノなんてやらなくなる」

私は「欲しいものは自分で買おう」という独立心が養われた

親を許せなくても大丈夫！

この世で一番大切な自分を癒やすことが先決♡

なかにはリフレーミングをしてみても、どうしても親が許せないという人もいると思います。虐待やネグレクト、アルコール依存症など、ニュースになるような壮絶な親子関係に耐えてきた方は、**無理に「いい親だった」と解釈を変える必要はありません。**

もしあまりにも重い過去を背負ってしまって、これまで耐えて我慢してきたあなたが、怒りと悲しみにとらわれて前を向けないというなら、「親を許そう」と思わなくて大丈夫です。

やるべきことは、親を許すことではなく、過去の自分を癒やすことです。

そのために、大人のあなたが小さな自分を助けに行ってあげましょう。

まずイメージの中で、傷ついている自分に会いに行きます。

そしてそのときに自分が言ってもらいたかった言葉を、かけてあげてください。

「辛かったよね」「よく頑張ったよね」「あなたは何も悪くないよ」「気付かなくてごめんね」と寄り添ってあげて、ハグをしてあげてください。

これを何度も何度も繰り返してみて、大きな傷を癒やしてあげましょう。

イメージするのが苦手な方は、自分にお手紙を書くのでもいいですよ。

親を許すか許さないかはあなたが決めればいいんです。

あなたが一生許せないと思ったのなら、それでいいんです。

そして、親を許せないと思っている自分に、罪悪感を抱く必要は1㎜もありません。

「親には感謝するものだ」と頭ごなしに言ってくる他人は無視してください。

世間がなんと言おうと、自分の心を守るために、あなた自身を大切にしてあげてくださいね。人生で一番大切な存在は、あなたなんですからね♡

CHAPTER 4

ホルモンを
味方につけて、
溺愛パートナーシップを
育む♡

恋愛こじらせ女子は、誰でも卒業できる！

筋金入りの恋愛ベタから溺愛妻へ

「私の恋愛はどうしていつもうまくいかないんだろう」

「私は一生結婚できないのかな」

「あんなにやさしかった彼が、最近冷たい気がする……」

こんなふうに苦しい恋愛を繰り返して、不安になっている女性も多いのではないでしょうか？　そんな女性たちにお伝えしたいのは、「大丈夫♡ 愛されて幸せになれる恋愛や結婚は、誰にでも叶えられます」ということです！

なぜなら、私が人一倍、むくわれない恋愛をしてきた自信があるから（笑）。そして今はそんな過去が信じられないくらい、幸せな結婚生活を送っているからです。このCHAPTERではその秘訣についてお話ししますね♡

今年で夫と結婚して3年目になりますが、お互いに尊敬し合える最高のパートナーシップを育めています。わりとよく喧嘩もしていますが(笑)、私のダメダメなところを安心して見せられて、どんな私も受け入れてくれるかけがえのない存在。おうちにいるときは、ほぼくっついているほど、夫のことが大好きです♡

CHAPTER 1にも書いた通り、自分が苦手なことは手放すことにしているので、料理も掃除も「外注」しています。食事は基本的に夫が作ってくれますし、ドバイの家は、ホテルレジデンスなので週2回ハウスキーピングがきてくれます。苦手な家事は自分では何もやりません。日本でイメージされる〝いい奥さん〟像とはかけ離れているかもしれませんが、夫からはとにかく溺愛されています♡

そんな夫との出会いは2022年の35歳のとき。知人から紹介してもらったのがきっかけで、3カ月後には婚約し、とんとん拍子で半年でスピード結婚しました。

キラキラ偽装していた、こじらせ時代

こんなことを書くと、本当はもともと恋愛が得意な人と思われそうですが、それが

もう結婚するまでの35年間は、自分でもうんざりするほどに、こじらせにこじらせていました。私のように苦い恋愛をしている方も多いと思うので、少し詳しく私の恋愛遍歴についてお話ししていきますね。以下はすべて、過去の私のこじらせ例です。

・彼に高級ホテルに連れて来てもらったように装いながら、自分でホテル代を払う
・料理ができるいい女をアピールするため、行きたくもない料理教室に通う
・彼に愛してほしくて尽くしても、結局フラれる
・遠距離恋愛でもないのに、月に1回も会えない
・一度も彼の家に行ったことがない(既婚者だった?)
・彼にＬＩＮＥをしても既読スルーが普通
・彼から返信が少しでも遅いと「嫌われたかも」と不安になる
・彼がヒマなときだけ呼び出される都合のいい女
・20代からずっと結婚願望はあったのに、どの彼にも結婚したいと伝えられない
・結婚を考えていた彼に、35歳の誕生日にフラれて、ひとりで号泣

恋愛ベタ女子のあるあるではないでしょうか？　そして我ながら本当に残念な恋愛を繰り返していましたね……。わりと男性からモテるほうではあったのですが、お付き合いを始めるとなぜか彼がだんだん冷たくなり、私はいつも泣いてばかり。幸せな関係を継続することができないのがお決まりのパターンでした。

本書で何度か出てきている重度の摂食障害だったことも、「言ったら嫌われるかも」と怖くて、どの彼にも打ち明けられませんでした。
「痩せていない私はかわいくない。太っていたら愛されない」と思い込み、チョコレートだけ食べてダイエット。太ることへの恐怖から、食べては吐くを繰り返し、吐血することも。吐きすぎて、胃液で歯が溶けるほど重症なのに、まだ満足できない。腹痛に耐えながら毎日下剤を大量に飲んで、体重39kgを死守していました。小柄なほうではありますが、この体重は健康的とは言えない痩せすぎの部類です。そして「痩せたら彼に認められる」と思って、こんなに必死になってカリカリの体になったのに、愛される現実は一向にやってこない……。

思えば、歴代の彼氏からは常に2番目の女扱いで、大切にもされていなかったなと思います。誠実な彼ができても「他に本命がいるのかもしれない」と疑ったり、勝手に不安になって自爆し、すぐにお別れすることに。長続きした恋愛はありませんでした。

でも、プライドだけは高かったので、めちゃくちゃ不幸な恋愛をしているくせに、「愛されている私♡」を演出する、キラキラ偽装をしていました（苦笑）！

かわいいお洋服で着飾って、華やかな場所に出かけては、毎日充実していて幸せそうな自分をカムフラージュ。ハイスペの彼がいる素敵な私、大手企業の社長と知り合いのすごい私、地位や名誉のある男性と付き合いのある人気者の私……。自信がない自分を隠すために、他人の威を借りて自分を大きく見せていました。

彼氏に大切にされている友達を横目で見ながら「なんで私ばっかり不幸なんだろう」と絶望しつつも、見せかけのキラキラを切り取ったSNSの写真をアップする日々。周りの人から「いつもキラキラしてるよね」って言われることで、なんとか自分のプライドを守っていたんだと思います。

恋愛のみならず、仕事もお金も職場の人間関係も全方位最悪すぎる人生をどうにかしたくて始めたのが、本書で紹介してきた「無理と我慢を手放す」セルフラブ。とことん自分を大切にすることを実践し、わだかまりを抱えていた親とも向き合って、やっとやっと暗くて長いトンネルを抜け出したのは、すでにお伝えしてきた通りです。

そのおかげでマインド面が安定し、しばらくは順風満帆な生活が続いていたのですが、また谷底に落ちる事件がやってきました。

2021年の5月に受講したビジネスセミナーで、圧迫研修を受けたことが引き金となり、うつ状態に。大勢の前で私の人格そのものを否定され、精神的に追い込まれたことで、再び自分への自信を失ってしまったんです。常に結果を出さないと私には価値がないし、人に教える立場だから完璧でなければダメだと再び思ってしまっていました。大勢の人といると全員から悪口を言われているような気になり、人が怖い。みんな私のことが嫌いなのかも……。

どんどんマイナス思考になり、誰にも会いたくなくて、好調だったコンサル業やセミナー業もいったんストップせざるを得ない状態に陥りました。

「オキシトシン」を操れば、愛されるのなんて簡単♡

人に会いたくない。誰も信用できない。みんな私を嫌っている……。そういえばうちは家系的にうつ病の人が多いから、頑張ったところで遺伝的な問題からは逃れられないんだ……。こんなふうにぐるぐるとネガティブループにハマりかけていたときに知ったのが、**体の情報伝達物質である〝ホルモン〟**でした。

ヒトの体の中には100種類以上のホルモンがあるとされていて、さまざまな働きをしています。なかでも注目したいのが**「オキシトシン」というホルモン。別名、愛情ホルモン**とも呼ばれています。詳しくは後述しますが、幸せな気持ちにさせてくれたり、良好なパートナーシップを育むためには欠かせないホルモンといわれています。

このオキシトシンについての学びを素直に実践してみたところ、ふさぎ込んでいた気持ちが右肩上がりで復活！　その後すぐに今の夫と出会って、幸せな結婚生活が続けられているのは、オキシトシンをきちんと分泌させ、意図的に日常的に取り入れているからこそだと思っています。お付き合いしている間も、結婚している今も、彼に対しては、尽くさない、媚びない、頑張らない、ノウハウ的な駆け引きもしていません。でも、あんなに恋愛ベタだった私が、夫に溺愛され続けているんです。

もちろんベースには、これまでお話ししてきた通り、無理や我慢をやめて、徹底的に自分を愛したことで培われたマインドがあってこその結果です。

ですが、私自身がずっと悩み続けてきた男性とのパートナーシップが驚くほど改善し、お互いに愛し愛され続ける関係性を築けているのは、このオキシトシンを味方につけているからだと断言できます！

かといって、難しいことはありません。科学的なエビデンスに基づいた方法ですが、お薬も必要ありませんし、お金をかける必要もありません。普段の生活で実践できることをご紹介していきますね♡

ハッピーを呼び込む「オキシトシン」を爆増させよう！

愛情ホルモン「オキシトシン」って？

愛情ホルモンとも呼ばれるオキシトシンは、脳の視床下部内の神経分泌細胞で合成され、脳の下垂体後葉と呼ばれる部分から分泌されるホルモンです。

もともとは、出産前後の女性の子宮を収縮させて陣痛を促したり、母乳の分泌を促したりするホルモンとして知られていました。そのため、母子間の触れ合いで生まれるホルモンとして認識されていましたが、最新の研究では、さまざまな効能があることがわかっています。

・幸せな気分になる
・自律神経を整える

・睡眠の質を上げる
・不安や恐怖心の軽減
・ストレスを緩和する
・他者への信頼が増し、絆を深めたいという思いが高まる
・学習意欲や記憶力を向上させる
・免疫力の向上
・肌の再生を促し、美肌へと導く
・内臓脂肪を減らして肥満を予防する

このように、母子間のためだけでなく、心の安定はもちろん、美容や健康にも役立つオキシトシンは、日頃から増やしておいて損することはありません。

しかもオキシトシンは、日々のストレスで減り続けてしまうので、常に分泌させるように心がけておくことが大切です。「ひとりになりたい」「人と交流したくない」と、家に引きこもりがちになったら、オキシトシン不足のサインですよ。

セルフで手軽に！　オキシトシンの高め方

オキシトシンはお薬やサプリも必要なく、日々の生活の中で増やすことができます。実践しやすい代表的な方法をご紹介しますね。

●スキンシップをする

あなたにも経験がありませんか？　辛いことがあったり不安になって気分が落ち込んだとき、友達にハグしてもらったり手を握ってもらったりすると、不思議と心が落ち着きますよね。これは紛れもなく、オキシトシンの働きによるものです。

つまり、手をつなぐ、ハグするなど、人の肌に触れることで、オキシトシンを活性化させることができます。これは人間誰もが、赤ちゃんのときは親に抱かれながら守られて育ってきたことを考えると、本能的にインプットされている安心材料なのかもしれませんね。とくにパートナーや恋人、お子さんなど、愛情を感じる相手とのスキンシップは高い効果が期待できます。

人に限らず、犬や猫などペットとの触れ合いもおすすめです。どんなに疲れていても、ペットをなでたり抱っこしたりすれば、一瞬で癒やされるという飼い主さんも多いのではないでしょうか。これこそが、オキシトシンの力です。

●動物の動画を見る

ペットを飼っていないという方は、動物の動画を見て「かわいい～」と思うだけでもOKです。最近はInstagramやYouTubeで、たくさんの猫ちゃんやわんちゃんの動画がアップされているので、癒やしをもらってください。もちろん、人間の赤ちゃんでも効果的です。

●やわらかいものや肌触りのいいものに触れる

抱き枕やクッション、ぬいぐるみ、心地いい肌ざわりのタオルや部屋着、下着を身につけることでも、オキシトシンが分泌されます。ふわふわして心地よく感じられるものを抱きしめたり、触ったりしましょう。

私が独身のときは、妊婦さん向けの大きな抱き枕に抱きつきながら寝ていました。あまりにも気に入りすぎて、母や友達にプレゼントしたのですが、寝つきがよくな

る、睡眠の質が上がる、安心するなど、とっても好評でした♡

そして今愛用しているのは、ふわふわの肌触りのブランケット。おうちにいるときは膝掛けにしたり、くるまったりしています。持ち運べるサイズなので、旅行先にも持って行ったりして、いつでもオキシトシンを出せるように意識しています。高級な素材にこだわる必要はありません。あくまでも自分が「触れていて気持ちいいな」と感じるものを選ぶのがポイントです。

●人に親切にする

意外なところでは、人に親切にしたりやさしくしたりすることでも、オキシトシンが上昇することがわかっています。そのためオキシトシンは、〝思いやりホルモン〟とも呼ばれています。

たしかに、困っている人を助けたり、ボランティア活動に参加したりすると、感謝されることが多く、こちらもすがすがしい気分になりますよね。実はこれこそが、オキシトシンの作用です。誰かのために何かをしてあげると、オキシトシンの分泌が増え、幸福感が得られるからだといわれています。

ここで気を付けたいのが、自分を犠牲にしてまでやる必要はない、ということ。

あなた自身がイライラしたりストレスを感じたりしては本末転倒です。親しい人にプレゼントを贈ったり、電車で小さなお子さんに席を譲るなど、自分にとって負担ではない範囲で、そしてやって気分がよくなることを行いましょう。

●好きな香りを嗅ぐ

ある化粧品会社の研究によって、精油（アロマ）でオキシトシンの分泌が促進されることが明らかになっています。ローズ、オレンジフラワー、バイオレットなどの天然精油を含む香りを女性に嗅いでもらい、5分後の唾液中のオキシトシン濃度を測定したところ、嗅ぐ前と比べてオキシトシン濃度がアップしていたそうです。

これらの精油に限らず、自分が好きな香りならなんでも大丈夫。お部屋全体で香りを楽しむならアロマディフューザー、手軽にパーソナルスペースを香らせるならアロマスプレーがおすすめです。寝室なら、枕元に精油を直接垂らしたアロマストーンを置くのもいいですね。用途に合わせて使い分けてみてください。

人の手で触れるエステやマッサージもスキンシップのひとつなので、オキシトシンが分泌されます。アロマオイルを使ったエステなら、香りとの相乗効果で、さらに効果が高まりそうですね。マッサージは、人にしてもらうだけではなく、セルフで行っても効果があります。お気に入りの香りのクリームやアロマを使って、自分の体を慈しんであげましょう。

●エステやマッサージ

オキシトシンは、触覚、味覚、視覚、聴覚、嗅覚の五感が刺激されて心地よさを感じたときに、脳内に放出されやすいとされています。ご紹介した6つの方法以外にも、人と会っておしゃべりをしたり、アート作品を観たり、好きな音楽を聴いたり、おいしい食事をとるなど、五感を楽しませることができればいいのです。

五感の満たし方は人それぞれです。なので、自分に一番しっくりくる方法＝オキシトシン爆増リストを見つけておきましょう。

人に会うのがイヤになったり、ちょっとしたことで落ち込むときは、あなたの性格の問題ではなく、オキシトシン不足を疑ってください。そんなときは自分だけのオキ

シトシン爆増リストを見直して、オキシトシンを増やすことをしながら自分をいたわってあげてください♡

♥ WORK 7

私のオキシトシン倍増リスト

あなたにとって心地よく感じる、オキシトシンの増やし方を書いてみてください。

ex. もこもこの靴下をはく、好きなアロマの入浴剤を使う、など

意図して行うことが大切！

オキシトシンを増やす方法は、**なんとなく行うのではなく、「自分がオキシトシンを分泌させるためにこれを行っているんだ」と、きちんと意識しながらすることが大切**。意識を向けることで、より効果を高めることができますよ。

とくに、人になにかしてあげるときは、**「自分のために人に親切なことをしているんだ」**ということを忘れないでください。以前の私は、「人に嫌われたくない、好かれたい」という下心から、人にあれこれやってあげていたのですが、そうすると結局気疲れしてしまって、オキシトシンなんて出ていなかったんじゃないかなと思います。

自分がすり減らないために、まずは自分ファーストでいいんです。自分をオキシトシンで満たすことを最優先にして、溢れた分を周りに還元してくださいね。

男性に「オキシトシン贈呈」をしよう♡

オキシトシンの分泌量は男女で異なる

オキシトシンは、男女を問わず分泌されていますが、分泌量は男性のほうが少ないとされています。女性の場合、出産や授乳時に、大量のオキシトシンが分泌されることに加え、女性ホルモンがオキシトシンの働きを後押ししてくれるので、少しのスキンシップでも増えやすい傾向があります。

この幸福感を高めてくれるオキシトシンを人生で最初に実感するのは、赤ちゃんだった頃。オキシトシンは、お母さんが赤ちゃんにおっぱいを飲ませたり、抱っこすることで分泌が促進されますが、このとき赤ちゃんもオキシトシンの心地よさを味わっています。このオキシトシンの幸福感や安心感は忘れられないもの。だから、赤ちゃんはお母さんが無条件に大好きだし、人間はいくつになっても、本能的にオキシトシンを渇望しているのではないでしょうか。

「オキシトシン贈呈」で理想の彼氏を育てよう！

ですから、相手からの好意を引き出すためには、オキシトシンに恵まれている女性が男性に、オキシトシンを意図的に渡してあげればよいのです。

このことを私は「オキシトシン贈呈」と命名していますが、**オキシトシン贈呈をされた男性は、その女性のことをどんどん愛するようになるんです♡**

男女平等の感覚で育ってきた世代の方にとっては、最初は照れもあって抵抗感があるかもしれません。ですが、男女の性差はあるので、オキシトシンは贈呈してあげるが勝ちです！

私は、出会った頃から夫には、出し惜しみせずに「オキシトシン贈呈」をしていました。おかげで、数々の過去のダメ恋愛とは違ってすんなり結婚できて、現在進行形で円満な夫婦関係を送れています。

では、夫に対して、具体的に何をやってきたのかを解説していきますね。

男性の承認欲求を満たしてあげる

男性は、人に認められると承認欲求を満たせる生き物だといわれています。

厳しい競争社会で生き、常に「他人から認められたい」と思って日々を生きている男性は、承認欲求が満たされると自信を持つだけでなく、**承認してくれた人に好意を持つようになります。**「オキシトシン贈呈」は、男性が欲してやまない、この承認欲求を満たしてあげることができます。ですから、気になる彼と接するときには、次の5つのポイントを意識しましょう。

・認める
・特別扱いをする
・褒める
・信頼して頼る
・ハグを習慣化する

それぞれ詳しく説明をしていきますね。

●認める

たとえばあなたが仕事でミスをして落ち込んだり、体調を崩しているとき、「大丈夫？ 心配だよ。無理しないでね」とやさしい言葉をかけてもらえると、うれしいですよね。なぜなら女性って、心配されたり気にかけてもらえると愛を感じるから。

でも、男性は逆！ **男性は心配されるよりも「あなたならできるよ」と、自分のことを認めてくれて、信じてくれる言葉のほうがぐっときます。**

お母さんみたいにあれこれ心配したり世話を焼くより、「あなたならできるよ♡」と伝え、彼を認めて見守ることが大切です。

●特別扱いをする

ひと昔前の日本では、家父長制度が採用されていたことがありました。その家ではお父さんが絶対的な存在でえらい人、家族のために働く一家の大黒柱というわけで敬われていたのです。そしてお父さんだけ、夕食のおかずが豪華だったり、品数が多かったり、ちょっとだけ〝特別扱い〟をされていたんですね。

今は価値観も時代背景も異なるのでやっている家庭はないと思いますし、推奨しているわけではないのですが、承認欲求を満たしてオキシトシンを増やすという観点からすると、この特別扱いってすごく理にかなっているんですよね。「自分は敬われて特別な存在なんだ」と思えることで、自信を持つことができるんです。

これは男尊女卑とは違います。生まれ持った性差にすぎません。**家族や女性のことを守ることで強くなれるのが、男性なのです。**

特別扱いといっても、たまには彼の好物を用意するとか、ちょっと喜んでくれそうな声かけをするとか、簡単なことで大丈夫です。

ただ、**男性は言わないと伝わらない生き物**なので、「あなたの好きなお菓子を取り寄せといたよ～」「こんなに話していて楽しいのはあなただけだよ♡」と、しっかり言葉で伝えることが大事です。

家族のために頑張って競争社会で働いている男性は、パートナーの中では自分が特別でいたいと思っています。なので、特別扱いすることで男性の心を満たしてあげると、本当に溺愛されるようになるし、なんでも叶えてくれるようになりますよ♡

●褒める

「男性は褒めてナンボ」って、誰しも聞いたことがあると思います。恋愛本にもよく書かれているし、褒め言葉には〝さしすせそ〟が効くとか、そういうテクニック的なことは私自身も知っていましたが、正直「喜ばせる必要があるの?」と、こじらせていました。褒めたとしても恥ずかしくて、控えめな褒め方だったり。

でもオキシトシンのことを知った今は、積極的に彼を褒めています。**男性にとって女性から賞賛を受けることは喜びそのもの。**オキシトシンが分泌されて、褒めてくれる女性のことを愛おしく思うものなんです♡

私もよく夫に「かっこいいね〜♡」と伝えていますが、やっぱり嬉しそうなんです。「面白い♡」「最高に幸せ♡」「さすが〜♡」と、満面の笑顔で目をキラキラ輝かせ、弾むような声音で伝えることが大事! わかりやすく嬉しそうにしていることが伝わるリアクションで、褒めることを意識してください。

●信頼して頼る

昔の私は、男性のことを信頼したり、頼ったりするのが苦手でした。というか、したことがありませんでした。男性の自信を奪って、オキシトシンをゼロにするようなことをやっていたんです。

でも、男性に頼るのが苦手な女性って、意外と多いのでは？　私の場合、なぜできなかったのかというと「常に男性に勝とうとしていた」から。頼る＝負ける、という意味に変換されていたんです。

でも、人間はみんな女性から生まれてくるし、生命を宿せる女性はもともとエネルギーレベルが高い性なんです。だから、小さなところで男性と張り合う必要がないと気付き、勝ち負けにこだわっていた自分とさよならできました♡

男性は頼られると嬉しいもの！　何をお願いしていいかわからない人は、ペットボトルの蓋を開けてもらうとか、簡単なことからお願いしてみましょう。慣れてきたら、彼が得意なことで、ぜひ頼ってみてくださいね。

●ハグを習慣化する

１３２ページでもご紹介しましたが、ハグ＝スキンシップは、オキシトシンを爆上げしてくれます。ここでは、パートナーシップを深めるためのさらに効果的なハグの仕方を押さえておきましょう。

ポイントは、〝30秒間〟、抱き合うこと！ というのも、心身がリラックスできる副交感神経のスイッチが入る時間が30秒とされていて、「人と30秒抱き合うと、１日の疲れが３分の１軽減される」というメカニズムが解明されています。なので、彼とハグをするときは、ちょっと長めにハグしてくださいね。

また、男性にはなんのためにハグをするのか、**きちんと理由を説明しておくことも大切です。**「お互いへの信頼感が高まって愛情も深まるみたいだから、カップルはハグするといいんだって」などと、ちゃんと彼にハグをしたい意図を伝えてくださいね。言わないと伝わらないですし。いきなり抱きつくなど、相手の気持ちを考えないハグを繰り返せば、相手が嫌がる恐れもあります。相手の気持ちを尊重し、相手にとっても心地よいハグを心がけることを忘れないでください。相手がハグに対して感じる抵抗感も弱められますよ。

とくに夫婦関係を改善したい方、最近レス気味だなという方は、ぜひ試してみてくださいね♡

そもそもうちの両親は、とくに仲良しというわけでもなかったので、男性を褒めたり頼ったりという習慣が私にはまったくインストールされていませんでした。知らないことは、できなくて当たり前なんです。

過去の私のように不安な恋愛をしている人は、あなたに女性としての魅力がないわけではありません。ただ、男性から愛される方法を知らなかっただけなんです。

いきなり全部をやらなくても大丈夫なので、少しずつ、トライできそうなことから取り入れてみてくださいね♡

男性の本質を知り、自分史上最高の彼に育てよう

男性のヒーロー願望を満たしてあげる♡

すべての女性が理解しておきたい、男性の本質はコレにつきます♡

「男性は常に、女性の願いをなんでも叶えたいと思っている」ということ!

男性にとって、女性の願いを叶えられる自分は、〝かっこいいオレ〟なんです。

そう、男性はみんな、ヒーローになりたいんです♡

そして、**願いを叶えてもらって、満面に笑みをたたえて喜ぶ女性は、男性にとっては女神そのもの♡**　彼を認めて、褒めて、信頼して頼って、オキシトシン贈呈します。

男性からすると自分にエネルギーを与えてくれる充電器なので、そんな女性のことを絶対に手放しません。常に安心できる関係性になり、不安とは無縁の恋

愛関係が結べて、パートナーシップは日々深まります♡

オキシトシン贈呈を極めれば、ハイスペ男子の育成が可能に⁉

私の周りのカップルを見ていると、パートナーシップが良好で、ビジネスでも成功している男性には、オキシトシン贈呈が上手な女神がついていることが多いですね。やはり男性の能力を最大限引き出せるかどうかは、女性次第なのかも⁉

なので、最初からハイスペを狙うのではなく、自分で理想のハイスペに育てるのがおすすめです。あなた次第で、いくらでも自分史上最高の彼になってくれますよ♡

今はまだ好きな人がいないという方も、自分が満たされて安心していると、あなたを満たしてくれて安心できるパートナーに出会えるので、楽しみにしていてくださいね♡

情けは無用！こんな男性には近付かないで！

オキシトシンを受け取れない男性もいる

稀ですが、なかにはどんなにオキシトシン贈呈をしても、まったく反応がないというか、受け取れない男性もいます。そんな男性は残念ながら、**オキシトシンを受け取る受容体**が育っていない可能性が高いです。

女性がせっかくオキシトシンをプレゼントしても、受け取り手である男性のバッグ（＝オキシトシンの受容体）に穴があいていたら、こぼれおちていくことに……。こんな状態では、オキシトシンを受け取ることができませんよね。

実はオキシトシンの受容体の密度は、幼少期の育った環境によって異なることがわかっています。脳が最も発達する生後1年ほどの間に、親から愛情のあるスキンシップを受けるかどうかが影響を及ぼすといわれているんです。

だから、幼少期に親からの愛情不足でオキシトシンの受容体の密度が低くなってしまうと「そもそも愛情というものがわからない」「共感能力が乏しい」といった傾向が見られます。

後天的な性質によるものですし、どんな親のもとに生まれて育てられるかは選べないので本人の責任ではないのですが、こういう男性を選ぶと恋愛関係も損得勘定で考えるので、苦労するのは目に見えていますよね。

もし今お付き合いしている方が、ケチな人、ずるい人、何を言っても噛み合わない人なら、これ以上執着しないほうがいいです。

なかにはハイスペでお金を稼いでいる人にも、オキシトシン受容体が育っていない男性がいるので要注意です！　お金持ちでもケチな人って、結局自分のことにしかお金を使わないので、あなたを大切にしてくれません。

「自分のことを大切しない人のことは、大切にしない！」

男女間でもこれを思い出して、違和感のある男性のことは切ってくださいね♡

CHAPTER ✦ 5

脳の仕組み×エネルギー
を利用して
理想の人生を
〝全取り〟しよう♡

オートモードで夢が叶う、人生の大逆転劇の秘密！

先に未来を決めると、望む未来がやってくる♡

本書をここまで読んでくださったあなたは、抑圧されてきた自分や満たされない思いを解放するためのカギを手に入れたも同然なので、安心してくださいね♡

これまでご紹介してきたメソッドを少しずつでもいいので試してくだされば、明るい未来は必ずやってきます。そして誰かの常識や親の価値観、他人からの評価を気にする自分から自由になった今、あなたらしさを取り戻せているはず！　自分はどうなりたいのか、どんな夢を叶えたいのか、湧き上がってきた想いにワクワクしてくださいね♡

理想の仕事も、人間関係も、お金も、愛も、想像以上の豊かさを手に入れて、望む人生を〝全取り〟しましょう♡

全取りするための第一歩として、「もし、望んだことがなんでも叶うとしたら?」と、自分に問いかけてみてください。

このとき「私には高望みすぎて分不相応だよね……」なんて、いじけないこと! 自分に嘘をつかず、なんの制限もなく、欲望のままに願いを思い描いてください。誰にも遠慮はいりませんよ♡ 願いを最速で叶えるためには、その望みをノートに書くことがおすすめです。具体的なやり方については、162ページから詳しく解説しますね。

引き寄せの法則の正体とは?

夢や理想を叶えるにしても、できれば遠回りせずに叶えたいですよね♡

そのために頭に入れておいてほしいことが、**脳の仕組みとエネルギー(量子力学)**のお話です。この2つを賢く利用すれば、軽やかに望む未来を手にすることができるんです!

そして実は、この**脳の仕組みとエネルギーこそが、みなさんも耳にしたことがある「引き寄せの法則」の正体!**

そもそも引き寄せの法則とは、「目標や願望を叶えた自分をイメージすれば、その夢が叶う！　すでに叶った自分でワクワクして過ごそう♡」というものです。私は、スピリチュアルも大好きですが、ロジカルに物事を考えたい方にとっては「？」ですよね。イメージするだけで叶うなんてあやしすぎるし、ふわふわしすぎていて具体性に欠けているし、信じられないという気持ちもわかります！でも、スピリチュアルなことがピンとこないという方も安心してください。

脳の仕組みとエネルギーについてはあとのページで詳しく説明していきますが、どちらも科学的な裏付けがあるものです。

ということは、一部の特殊な能力に恵まれた人だけに作用するものではなく、万有引力の法則と同じように誰にでも作用するものだし、理屈を知れば使いこなせるということ♪　再現性が高くて、どなたも実践できるものです。

ただ「ワクワクしてください」「夢をノートに書いてください」と方法だけ伝えられるよりも、「なぜそうするといいの？」がきちんと理解できると、断然行動しやすくなると思います。私も、脳科学を勉強したことで、より深く今までの学びを落とし込むことができました。なので、ちょっと難しいかもしれませんが、脳科学とエネルギーのお話についてお付き合いくださいね。

欲しい未来は脳におまかせするだけ♡

目標や願望が次々に叶う、誰にでもある脳の機能とは？

実は私たちの脳には、目標や願望を達成させる最強の機能が備わっていることが、脳科学の分野で明らかになっています！

その秘密こそが、**脳の「RAS（ラス）」と呼ばれる機能**です。

RASとは「Reticular Activating System」の略称で、網様体賦活系《もうようたいふかつけい》という脳機能のひとつです。**RASは、意識していないものはスルーし、意識を向けているものには注意を払うという特性があります。**つまり、**意識している夢を叶えるために必要な情報を次々に舞い込ませるとってても優秀な働きがあるんです。**

ではここで、手っ取り早くRASの機能を実感していただくために、簡単な実験をしてみましょう。

この本を置いて、まず目を閉じてみてください。あなたの身の回りに、〝赤いもの〟は何がありますか？

たとえば「赤いクッションカバーと赤いマグカップと、あとは花瓶に赤いバラが飾ってあったはず……。意外と少ないけどこんなもんかな」と、こんな感じで、脳内に思い浮かべたのではないでしょうか？

次に目を開けて、ぐるりと周囲を見渡してみてください。

先ほどよりもたくさんの赤いものが目に飛び込んでくるはずです。

本棚の赤い背表紙の本、赤いボトルの化粧水、ペン立てには赤いボールペンが1本、写真立てには赤いトップスを着た自分がいる……。

想像よりも赤いものが多くて、驚いたのではないでしょうか。

そうなんです！　私たちはいつも過ごしている場所のものでさえ、どこに何があるか、正確に記憶できていません。このように**人間は、意識しているものは目に入ってくるけれど、意識しなければ案外目に入っていないんです。**

そしてこれこそが、ＲＡＳの機能です。

たとえるなら、脳の情報フィルターのようなもの。私たちは毎日、目にしたものや聞いたことから膨大な情報を得ていますが、それらの情報はRASを通じて脳に伝えられます。このとき、すべての情報が脳に伝えられるわけではなく、自分が意識していない情報はRASのフィルターによってカットされ、必要な情報だけが集められて脳に送られます。

こんな経験はありませんか？　「あのブランドのバッグが欲しいな」と思っていると、街の中で急にそのバッグを持っている人を見かけるようになったり、「パリに行きたいな～」と思っていると、やたらと雑誌の記事やテレビ番組でパリが特集されているのが目につくようになったり。

これは決して、急にそのバッグが流行り始めたわけでも、パリの情報が世の中に増え始めたわけでもありません。今まで意識していなかったから、目の前にあっても気付いていなかっただけ。ちゃんと意識したからこそ、RASの働きによって必要な情報だけを集めてくれるようになり、目に留まるようになったということなんです。

引き寄せの法則で「目標や願望を叶えた自分をイメージすると現実化する」と言

われるのは、まさにこのRASの機能です。

〝こうなりたい〟という未来の自分を明確に脳内で意識することで、RASの情報フィルターがオンになると……。目標や願望を叶えるために必要な情報や手段、成功するための機会をRASが勝手に集めてきてくれるので、その情報から取捨選択して、自分に合った方法で行動していけばいいだけ♡　そうすれば、結果、遠回りをすることなく、最短ルートで目標や願望が叶えられる、というわけなんですね。

たとえば「もっと稼ぎたい！」という願望が出てきたら、すでに希望の年収を稼いでいる自分をイメージすることが大切です。

このとき、どうしても「でも、どうやって叶えたらいいのかな……。実現できそうもないことを願ってもどうせ叶わないよね」と、不安な声が出てきて勝手に諦めたくなりますが、今の自分の状態とは関係なく、なんでも願ってOKです！

「こういう自分になりたい！」と、しっかり意図することができれば、あとはRASが自動的にその願いを叶えるための情報を探し出してくれて、最短で進むルートを教えてくれます。

あなたが必死になって求人情報を見たり、資格コレクターにならずとも、欲しい情報が降ってくるようになります。不思議と条件のいい会社への転職話が舞い込んできたり、副業のヒントを友達から聞いたり、結果を出しまくっている起業塾を主宰している人をSNSで見つけたりと、収入アップにつながる情報が集まってくるように。

そのあとは、自分好みの方法を選んで行動していきましょう。

これは、すでにご説明したように、あなたがどうなりたいかを決めたからこそ、RASのアンテナが立って、今まで見えていなかったものが目に留まるようになったから。願いを叶えるための情報を、RASが勝手に収集してくれているからなんです。もちろん、**必要な情報が見つかったら必ず行動すること！** そうすることで夢が現実に近付いていきます。引き寄せて叶えるには、**行動がセットです。**

これまでスピリチュアルで説明されてきた「引き寄せる力」が、脳機能のひとつであるRASで裏付けることができたと思います。だから誰もが、願いを引き寄せられます！　RASをうまく活用して、目標を叶えるサポートをしてもらいましょうね♡

望む未来を爆速で実現する、脳科学を使ったノート術

ときめくノートとペンを用意しよう！

前のページでは、願いを実現するためには、脳の情報フィルターであるＲＡＳを賢く活用すること、そしてこのＲＡＳを働かせるためにはまず、〝夢を叶えている自分を明確に意図すること〟が大切だとお伝えしました。

ここからは、そんなＲＡＳを効率よく働かせ、最速で望む未来を叶えていくための具体的な方法をご紹介していきますね。

そのためにご用意いただきたいのが、**ノートとペン**です。できれば、見ているだけで、とびきり心がときめく素敵なものがおすすめです！　あなたを理想の未来へ連れて行ってくれるノートとペンは、手に取るとワクワクして、ページをめくるたびにきゅんとするものを用意してくださいね♡

ちなみに私が今使っているのは、ディオールやルイ・ヴィトンのノートと、スワロフスキーのペンです♡

ノートやペンは100円でも買えますが、ここは自分が気に入ったデザインや使い心地を優先で♪　お値段はしますが、頻繁に使うものだからこそ気分が上がるものが絶対にいいし、使うたびに最高にときめきます。

この〝ときめく〟感情が、夢を叶えるためにはとても大切です。あとでご説明するエネルギーのお話にも出てきますが、自分の心がときめいたり喜んだりすることで波動が高くなるので、より現実化しやすくなるんです。とりあえず今の段階では「そうなんだ〜」と、素直に信じてくださいね♡

夢や願望は書くことで、もっと叶いやすくなる♡

叶えたい目標や夢は、頭でイメージするだけではなく、言語化してノートに書き出し、〝見える化〟しましょう！

これまでにも多くの成功者たちが、「書くことで夢が叶った！」と言っているのを見聞きしたことがあるのではないでしょうか？　「書くだけで叶うなんて信じられない」「わざわざ書くなんてめんどくさいなぁ」と、ちらりと思った人もいるかもしれませんが、それ、もったいないですよ〜。**実は、手で書くことで、本当に夢や目標の達成率が上がることが証明されているんです。**

アメリカのドミニカン大学カリフォルニア校の心理学博士、ゲイル・マシューズ教授が行った実験によると、目標は手で紙に書き出すことで、なんと42%も達成率を高めることがわかっています！

今はパソコンやスマホで文字を入力している人も多いと思いますが、やはり手書きが効果的。それは、脳で働く神経の数が影響しているからだとされています。キーボードでタイピングする際には8種類の神経しか使わないのに対し、手で書くときには1万種類もの神経が使われているそう。その差は1250倍！　作用する神経の数が多いということは、それだけ脳も多くの神経が使われているから活性化されているということです。

たしかに、難しい漢字だって、ただ眺めたりタイピングするよりも、紙に手書きしたほうが覚えやすいですよね。現にパソコンでサクサクと文字を入力できるようなった現代は、読めるけど書けない漢字が増えたなと実感しませんか？　これって、脳が刺激されていないからなんです。

だから、**夢や目標は手書きしましょう！**　脳にも深くインプットされることになるのでＲＡＳが強化されやすくなるし、記憶にも残りやすくなるので、「どうやったら叶うかな～」と自分にも問いかけやすくなります。

ただ書き出すだけで、夢が叶う可能性が高まるとしたら、やらなきゃ損ですよね♡

それに、今の自分を見つめて目標設定を書き出すことは、飛躍するための一番の近道だと思うんです。書くことで頭の中が整理されるし、自分の本当に叶えたい人生を真剣に考えるきっかけにもなります。

自分の夢を文字にして残しておくことで、あとでノートを見返したときに、「これもあれも叶ってる♡」と、嬉しさも倍増しますよ♡

私も、やってみたいことや叶えたいことを毎年ノートに書いていますが、過去に書き出したことはほとんど叶っています♡

そういえば「自分の本を出版する！」という願いを起業当初の2018年に書いていましたが、これも叶っちゃいましたね♪

ノートを書くときの5つのポイント

RASを効果的に働かせるためには、ノートに手書きすることが大切だとお伝えしましたが、ほかにも書くときのポイントがあります。私がいろいろやってみてよかった方法をお伝えしますが、「自分には合わないな〜」と思うところは採用しなくて大丈夫。ご自身でアレンジしながら、心地いいやり方を見つけてくださいね♡

POINT 1 叶えたいことを〝すでに叶えた気分で〟100個書き出す

叶えたいことをまずは100個、ノートに書き出してください♡ あなたの叶えたい夢、やりたいこと、手に入れたいもの、理想のライフスタイルなど、自由に書いてOKです。ノートは誰かに見せるためのものではないので、遠慮なく、頭に思い浮かんだことは全部書いていきましょう。1日で書かなくてもいいし、いきなり100個も書けないという人は、思いついたときに書けば大丈夫です。もちろん、もっとたくさん書きたいという人は、好きなだけ書き出してくださいね。

そしてそのときは「叶えちゃって幸せ〜♡」と、ウキウキしながら書くこと。脳は感情を伴った情報のほうが記憶しやすく、現実化させやすくなる特性があるので、感情を動かしながら書いてみてくださいね。

POINT 2　カテゴリー別に願いを書く

「何を書いたらいいかわからない」という人は、カテゴリー別にすると書きやすくなります。たとえば「住みたい場所」「理想の働き方」「欲しいもの」「人間関係」「理想のパートナー」「パートナーとの関係性」「お金」「やりたいこと」「行きたいところ」などに分けて書いてみましょう。トータルで100個くらい書いてみてくださいね。

POINT 3　憧れの人を参考にする

「そもそも100個も夢が出てこない」という人は、〝知らないだけ〟という場合が多いです。人が何かを欲しいと思うときって、それを持っている人を街で見かけたり、SNSや雑誌で見つけて知ったからですよね。同じように、これまで知らなかった世界を知るほど、やりたいこと、叶えたいことは見つかるものです。

知るためにおすすめなのが、憧れの人を参考にすること。今はモデルやインフルエンサーなどさまざまな方が、SNSで素敵なアイテムやライフスタイルを発信しています。「このワンピースかわいいな～」「ここのカフェでお茶してみたいな」「わぁ♡こんな素敵な海が世界にはあるなんて！　いつか泳いでみたい！」など、あなたの心が動いたことが、あなたの興味があることです。そうやって憧れの人を参考にして、あなたの夢を増やしていきましょう。

POINT 4　できるだけ具体的に書く

叶えたいことは、できるだけ具体的に書くことも大切です。「広い家に住む」「お金持ちになる」「素敵な彼とデートする」では漠然としすぎているので、RASも困ってしまいます。たとえるなら、ナビに「東京都」としか入力していないのに、目的地まで行こうとしているようなもの。広い家ってどのくらいの広さなのか、お金持ちとはいくらあればいいのか、あなたにとっての素敵な彼ってどういう人なのか、具体的なところまで書いてみましょうね♡

POINT 5　望む未来や欲しいものは、いつでも変わってOK！

いったん夢を書いたものの、しばらくすると「これは別にそこまで叶えなくてもいいかな」というものも出てくるかもしれません。その場合はサクッと消してしまってOKです。叶えたいことは、いつでも、何度も変更して大丈夫です。

また、願いがいざ叶っても「そんなに嬉しくないかも？」という違和感が出てきたら、目をそらさないでください。たとえば「タワマンに憧れていたけど、いざ住んでみたらエレベーターを待つのがイヤかも」という気持ちが出てきたら、その感情に蓋をしないでください。「いい経験になったな、また引っ越そ♡」でOK！

実際に体験しないと、自分の好きも嫌いも本当のところはわからないもの。くれぐれも「ころころ気分が変わる自分ってダメだな」と落ち込まないでください。本音に従って、軽やかに方向転換できる自分でいることを許可しましょうね♡

ノートに向き合うことは自分と向き合うこと。外側に幸せを探しに行く必要がなくなるので〝自分が本当に求めている幸せ〟が明確になります。自分と深くつながることができるツールとして取り入れながら、実現させるための行動もしていきましょう♡

夢を現実だと脳に錯覚させて、欲しい未来にワープ♡

五感と感情を利用して脳をダマす⁉

脳には、実際に体験している「現実」と、頭の中でイメージして擬似体験しているだけの「想像」の区別がつかないという性質があります。つまり、頭の中で叶えたい夢をイメージしただけで、実際に体験しているものだと錯覚する特性があるんです。そして脳はそれを現実だと思い込み、イメージを実現させようとします。

イメージをよりリアルに脳に錯覚させるためには、五感と感情を使うことがポイント。今の現実がどうであれ、まるで本当に体験しているかのようにワクワクした気持ちで、見たり触ったりすることが、夢を現実化するための近道です。先に述べましたが、ノートに夢を書くにも、ウキウキとした気持ちで感情を動かしながら書いたほうがいいのは、これが理由です。

昔の私は「タワマンに住んでる女子って、どうせ愛人やってるか、実家が太いだけやろ」って、謎の見下しと偏見を持っていました(笑)。そしてそんな悪態をつきながら、本当は私もタワマン暮らしに憧れていたんです(笑)！

でも、当時の私はというと、大阪にある家賃7万円の1Kマンション住まい。普通に生活することはできるけれど、贅沢はできないし、会社員の1カ月分の給料が飛んでいくような家賃が高いタワマンに住めないことは明らかな経済状態でした。

未来の先取り体験を楽しむ♡

そこでやってみたのが**「夢を叶えている自分を先に体験してみる」ということ！**

不動産会社を経営している友人にお願いして、住んでみたいなと思っていたタワーマンションに、内見に連れて行ってもらいました。

「ここに引っ越してきますよ～♡」というワクワクした気分で、窓から広がる景色を眺めたり、リビングにはどんなソファを置こうかなと妄想したり、リアルな感情を味わってみたんです。嬉しくって「今、内見してまーす♡」と、インスタグラムのストーリーに載せたことをよく覚えています。

実際に内見してみたことで五感が揺さぶられ、リアルに住んでいるようなイメージを記憶に残すことができました。現実がどうであれ、〝憧れのタワマンに暮らしている私〟を、ありありと強くイメージできるようになったんです。

そしたらなんと1年も経たないうちに、ビジネスが軌道に乗って月商が1000万円を超えるように！　あのとき内見しに行ったタワマンに住むことができました♡

「お金がない」という現実は無視して、住みたい家に実際に行って、先取り体験をすることで、本当に理想の生活を引き寄せることができたんです！

ほかにも「ホテルライクな暮らしがしたいな〜」と思っていた私は、ホテルステイを楽しむ経験を、たくさん自分にプレゼントしていたんです。そんな私の今の住まいは、冒頭でもお話ししたドバイの5つ星ホテル。憧れだったホテル暮らしが、日常になりました♡

脳に〝すでに叶ってる！〟と錯覚させることができる、五感と感情を動かす先取り体験は、驚くスピード感で夢を実現することができるんだなと実感しています。

だからノートに「いつでもハイブランドでお買い物できる私になる」と書いたのなら、ハイブランドのショップに行って、買い物体験を先取りしてしまいましょう。ドアマンがうやうやしくあなたのために扉を開けてくれて、足を踏み入れる体験をするだけでもセルフイメージが上がります♪　実際にお買い物をしなくても、店員さんに接客してもらったり、バッグに触れたり、そのバッグを持つ自分を鏡で見たり……。

願いをオーダーして満足するのではなく、実際に願いが叶ったつもりになって、見て、聞いて、触ってと、五感で味わってみてください。そこで感じたときめく気持ちやワクワクする気分を、先に自分に体験させてあげましょう。

誰でも最初の一歩は「私なんかがいいのかな？」と不安になりますが、遠慮はいりません。実際に行動してみることで慣れてくるし、ハイブランドにふさわしいオーラを纏《まと》えるようになるはず！　それに、自分が叶えたい未来を体験する行動をすることで、「私もできた！」と自分への信頼感も高めることができ、自信にもつながります。

たとえお買い物ごっこだとしても、脳は現実か妄想かわかりません。その特性を逆手に取り、それが現実だと思い込ませるんです。何度も頭の中でイメージを繰り返すほど、本当に現実になる日がやってくると思います♡

「エネルギー」を制するものが、人生を制する♡

この世に存在するものは、つぶつぶの集合体⁉

望む未来を叶えるために、絶対に知っておいてほしいのが「エネルギー」のお話です。目に見えないものですが、私は常にこのエネルギーの使い方を意識していて、とてもとても大切にしています。

エネルギーの話の前に、まず**「素粒子」**のことからお話ししていきますね。

素粒子って聞いたことがありますか？　素粒子は、これ以上分解できない物質の最小単位のこと。量子力学という物理学の分野では、この世に存在するすべての物質は、この素粒子でできているとされています。

たとえば私たち人間の体。皮膚も筋肉も血液も、みんな「細胞」でできています。

そしてこの細胞は小さな「分子」の集合体で、さらに分子は、極小の粒子「原子」が集まってできています。

そしてこの原子を、さらにミクロの世界まで分解すると「素粒子」に行き着きます。

私たち人間の体も、パソコンも、机も、この本も、犬も猫も、この世に存在するあらゆる物質は、めちゃくちゃ小さい粒＝素粒子の集まりでできているんです。私もあなたも、ものすごいイケメンも、分解すれば、素粒子というとても小さいつぶつぶの集合体、というわけなんです(笑)。

素粒子は、物質だけを構成しているのではありません。実は目には見えない私たちの**「意識」や「感情」も、同じくつぶつぶの素粒子でできているんです！**

あなたが「幸せだな～♡」と思うと、あなたの体から「幸せだな～♡」という素粒子が放出され、「ムカつく！」と思えば、「ムカつく！」という素粒子が発せられます。

そしてこの素粒子なんですが、常に振動しているという特徴があります。

この素粒子の振動を「波動」、波動の振動を数字で表したものを「周波数」、素粒子

の振動を引き起こしている力を「エネルギー」と呼びます。

つまり、この世のものは「素粒子」でできていて、「波動」があり、「周波数」があり、「エネルギー」を発しているということ。

言い換えると、私たち人間も、動物も、お金も、石ころも、感情も、この宇宙に存在するあらゆるものは、すべてはエネルギーなんです！

今の現実を変えるには、周波数のチャンネルを変えるだけ♡

では、同じエネルギーなのに、私とあなた、犬とお花、悲しいと楽しい、それぞれに違いがあるのはなぜでしょう？

それは、「周波数」が違うから。あらゆるものは固有の周波数を持ち、**同じ周波数のものが共鳴して引かれ合うという特徴**があります。

たとえばテレビ局の電波は、それぞれ異なる周波数を持っています。番組を視聴するためには、放送局が発する周波数に、受信する側のテレビの周波数を合わせる（チャンネルを選ぶ）ことで、音が聞こえるようになり、映像が見えるようになるのです。

同じように、私たちの現実世界も、同じ周波数のものが引かれ合います。「類は友を呼ぶ」ということわざがありますが、まさにそれ！

だからもし、今の現実が望むような人生でないのなら、テレビのチャンネルを変えるように「自分の放っている周波数＝エネルギー」を変えましょう♡　自分のエネルギーを高い状態に保つことを心がければいいんです。

この本のＣＨＡＰＴＥＲ１、ＣＨＡＰＴＥＲ２でお伝えしてきた「無理や我慢をやめること」「自分を愛すること」で私の人生が変わっていったのは、周波数が変わったからで、エネルギーに関係していたんだな〜と、量子力学を学んでさらに腑に落ちました。

エネルギーの状態は、感情が教えてくれる

先ほど、理想の人生を叶えるためには、エネルギー（自分の放っている周波数）を高い状態に保つことが大切だとお伝えしました。

でも、そもそも目に見えないエネルギー。「今の自分のエネルギーが高いとか低いと

かを、どうやって判断すればいいの？」って、疑問ですよね。

それを教えてくれるのが、あなたが今感じている「感情」なんです。

感情も目には見えませんが、エネルギーとして可視化したツールがあるんです。それが、引き寄せ界では有名な〈エイブラハムの感情の22段階〉というもの。

エイブラハムとは、アメリカの作家、エスター・ヒックス氏のチャネリングによってつながる宇宙の集合意識のことで、人間などの生命体ではありません。

おなじみの「引き寄せの法則」もエイブラハムからの教えです。**「すべてのものは波動でできていて、物質世界で経験することはすべて波動を放っている。そして今放っている波動と同じ波動のものを、自分の人生に引き寄せる」**と表現しています。

先の量子力学のページでも同じことを書きましたが、引き寄せの法則って、単なるスピリチュアルではなくて科学的な根拠があるんですよね。

さて、エイブラハムによると、私たち人間の感情は「1」から「22」までの段階があり（巻末214ページの〈エイブラハムの感情の22段階〉を参照）、現実を豊かな状態にするためには、ポジティブなエネルギーとされている「1」から「7」の感情で毎日を過ごすことが大切だとされています。

〈エイブラハムの感情の22段階〉によると、最もエネルギーが高いとされている「1」には、「感謝」や「愛」などが挙げられていますね。そして、**この感謝と愛の状態にいると、理想の現実が現れるとされています。**

たしかにエイブラハムに限らず、現実世界の中でも、さまざまな本の中で、成功者といわれている人たちの言葉で「感謝することで人生が変わる」「愛することで幸せになれる」「愛と感謝が大切」と、語られてきました。

私自身も理想の現実を手にした今、過去を改めて振り返ってみると、毎日生きづらくて、生きる意味すら見失っていた私がこんなにも幸せになれたのは、この本でも何度もお伝えしてきた「自分を愛する」ことを徹底したから。生かされていることへの「愛」と「感謝」に目覚めたからだと確信しています。

ネガティブな気持ちは否定も放置もせずに、受け入れる♡

だから身をもって、愛と感謝の大切さは実感しているわけですが、そうは言っても人間なので、ネガティブなエネルギーになることも多いですよね。
たとえば「仕事でミスしちゃった……。上司にも同僚にも迷惑かけちゃって最悪だ」と落ち込んだら、「12落胆」のエネルギー状態にあることがわかります。この表で自分自身を俯瞰して見ることで、自分の感情の現在地を知ることができるので、「あぁ、今の私は自分のダメっぷりにガッカリしているんだな」と〝気付く〟ことができます。

この〝気付く〟は現状を肯定することになるので、エネルギーレベルは「7」に戻ります。だからネガティブなエネルギーからポジティブなネルギーに変換するためには、難しいことはありません。いったん自分の感情に気付くだけでＯＫなんです！

ネガティブになって気分がざわざわしたら、そんな自分自身の感情に気付いて、認めてあげてくださいね。
それだけでポジティブです♡

思い出してください。CHAPTER 2でもお伝えしましたが、どんな感情も、すべてがあなたの大切な一部で素晴らしいもの♡　いい悪いのジャッジをしなくていいんです。

イライラもムカムカも、湧き上がってきた感情に絶対に蓋をしないこと！

どんな感情もなかったことにせず、しっかりと感じてあげることが大事なんです。

つい私たち人間は、自己否定や自分責めといったネガティブな感情を封印したくなりますよね。でも、無理矢理ポジティブな気分に切り替えようとするのはNGです！

それって、67ページでもお伝えした、エセポジティブってやつです。ネガティブを感じないふりをして生きているから、ますます苦しくなって、現実がいい方向に変わらないんです。

こんなときは「あ、私また、ダメ出しのクセが出ちゃった。しょうがないよ、人間だもん」と自分を受け止めて、**「7」の現状肯定のエネルギー**に戻してあげてくださいね。

どんなネガティブなエネルギーにもOKを出してあげると自己受容ができるので、頑張ろうとしなくてもエネルギーが高まります。

豊かな人生を手に入れるためには、日頃から自分の感情がどんな状態なのかを俯瞰するクセをつけましょう。もしネガティブに傾いていたら、その気持ちを否定するのでもなく、放置するのでもなく、**気付いてあげること。**あなたは無力な存在ではなく、何でも叶えられる力を持っていることを思い出して、自分にパワーを取り戻してくださいね♡

妄想してゆるむことでもっと豊かになる♡

意図的に脳内をお花畑にする♡

ほとんどの人は、「お金があったら幸せなのに」「素敵な彼がいたら幸せなのに」と、自分の外側が満たされたら幸せになれると思っていますが、逆です！　**先に自分の内側が満たされているから、外側にある世界が変わって、満たされるんです♡**

今の現実は、あなたが過去に放ってきたエネルギーによって創造されています。だから「結婚できない」「お金がない」といった今の現実は、過去のあなたが創り出したもの。だから、今の現実がイヤなら、自分で変えればいいし、変えられるんです♪

今苦しいのは、外側の現実によって苦しいのではなく、内側の苦しい感情が辛い現実を創っているだけだから、フォーカスすべきなのは、外側の現実ではなく自分の内側です。今の現実やお金のことがどうであれ、欲しい未来に意識を向けてくださいね。

「広いおうちに住めたら嬉しいな～♪」とワクワクしたり、「彼から大きな花束をもらって超幸せ～」ってルンルンしたり、いい気分になれる妄想をして、脳内をお花畑にしましょう♡　今の辛い現実は華麗にスルーしてＯＫです！

ワクワク♪ ルンルン♪のお花畑の周波数が、望む未来の周波数と同調して、理想の世界に連れて行ってくれますよ♡

ほっとすることをする♪

そもそも私たちは幸せになるために生まれてきているんだから、気分が悪いことは真実ではありません♡

でも、いつまでも心がざわついてしまうときには、自分が「ほっとする」ことをして、心をゆるめてみましょう。あったかいコーヒーを飲んだり、バスソルトを入れた湯船にゆっくり浸かったり、好きな音楽を聴いてぼーっとしたり、あなたの好きなことでかまいません。

私の場合は、もともと家の敷地内に竹藪があるようなところで育ったこともあり、自然に囲まれていると、ほっとするタイプ。なので、大阪に住んでいた頃は、大阪城公園によく行っていました。ここは大阪市内とは思えないほど緑豊かな森があって、お散歩しているだけでとっても癒やされるんです。自然の中にいると、力んでいた体がふわっとゆるんでイライラが溶けていくだけではなく、いろんなインスピレーションが降りてきて、エネルギーが高まるし、いいことだらけでした。

現実を変えようと頑張りすぎて、自分を追い込むのはやめましょうね。豊かさを味わいたかったら、ほっとしてゆるむことが大切ですよー♡

「なんで叶わないの？」モヤついたときの処方箋

エネルギー漏れをチェックする！

エネルギーに得意不得意はないので、自分のエネルギーが高い状態だと、恋愛も、パートナーシップも、ビジネスも、人間関係も、全方位で豊かになります♡

そのためには、それらすべての分野で「エネルギー漏れ」をさせないことが必須！

先のページで説明したように、いい気分で過ごして、どんな自分にもOKを出しているのに現実が変わらないとしたら、絶対にどこかでエネルギーが漏れて、エネルギーを下げてしまっているはずです。

お気付きかもしれませんが、エネルギー漏れの正体は、実は「無理」と「我慢」。

気付かないうちにまた、無理や我慢のクセがぶり返して、やらなくていいことをやり、苦しい気分で頭がいっぱいになっていませんか？　「とにかく気分が悪い!!」という、ムカムカ、イライラが湧き上がってきたら、理想の人生が叶うためのお宝ポイントが発見できてラッキーです♪　「エネルギー漏れをしてますよ〜」というサインだと思ってください。どこでエネルギー漏れをしているのか、50ページの〈無理と我慢、エネルギー漏れチェックリスト〉を見直してみましょう！

あわせて、28ページのWORK 1でやった「あなたがやめたい無理や我慢」もチェックしてみてください。長年クセになっている無理や我慢の習慣は、意識していないと忘れてしまいがちですよね。チェックしてまた手放して、エネルギーを高めましょうね♡

現実化にはタイムラグがつきもの

「エネルギー漏れもしてないし、いい気分で過ごして、どんな自分にもOKを出しているのに、現実がなかなか変わらない……。もう1カ月も続けているのになんで？」とボヤいている方。

残念ながら、数カ月続けたくらいでは、すぐに望む未来へとワープできるわけではありません!! **絶対に、誰にでも、タイムラグはつきものです!**

現実化までの時間は人それぞれだと思いますが、私の場合、1年経たないくらいで人間関係の変化がありました。だから気長に取り組んでみてくださいね。

人生はらせん階段のようなものです。

すぐに成果が出なくても、着実に上昇しています。

見える現実ではなく、感情の変化を喜びましょう♡

自分の力で自分を幸せにしたいと向き合ってきたあなたは、とってもパワフルな存在なんですよ! だから焦らなくても大丈夫! あなたも必ず、理想の未来を掴み取れます♡

CHAPTER ✦ 6

成功するための
マインドセット♡

とりあえず、やってみよ？ 行動すれば、願いが叶う♡♡

失敗なんてない♪ 勇気を出して一歩踏み出してみて！

ここからはいよいよ、あなたの夢を成功させるために必要なマインドセットのお話をしていきます。

その前に大切なお話！　CHAPTER 5でさんざん「いい気分でいましょう♪　そうすれば夢は叶えられます♡」とお伝えしましたが、これ、勘違いしないでくださいね。「ただただ気分よくいるだけで、夢が叶うとかありえないから——（笑）!!」

ワクワクしながら家でゴロゴロしていても、素敵な彼氏が目の前に現れるわけないですよね（笑）。当たり前のことですが、人間界で生きている以上、願うだけでは叶いません。**叶えたかったら、心の土台プラス、行動がすべてです！**　今の延長線上に自分が望む未来がないのなら、今とは違う選択をするしかありません。だから、変わりたいのなら、今の自分と違う選択をして、〝行動〟しましょう！

でも、わかってはいるけど行動できないという方も多いですよね。私もお友達やクライアント様にこのような相談をされることは多いし、かつての私もそうだったから気持ちはわかります。


こんなふうにガチガチになっているときって、「失敗したらどうしよう？」って、勝手に妄想して不安が先立っているから、動けなくなっているんです。

でもね、誰だって初めてのことは最初からうまくいくわけないし、もしやってみて失敗したとしても、それは失敗じゃなくて〝経験〟でしかありません。

「次はどういうふうに行動してみようかな？」って、ブラッシュアップするための改善点ととらえましょう♪　試行錯誤して続けていくうちにだんだん上手になっていくものなんです。だからあなたも絶対に大丈夫！


私も今でこそ、オンラインで講座やセミナーをさくさくこなしていますが、初めてのときは緊張しすぎて震えていましたよ（笑）。

とりあえずは「**100行動してみて、1成功したらラッキーだな〜♪**」くらいの軽いスタンスで、動いてみることから始めてみませんか？

失敗してもあなたの価値は何も変わらないし、進んだことへのプラスしかありません！　どんどん何事もチャレンジして行動しましょう♡

誰のためにもならない、完璧主義をやめる♡

もうひとつ、動けない人にありがちなのが、完璧を目指してしんどくなっているパターンです。

私も、もともとは完璧主義で、真面目で責任感が強いタイプ。すべてパーフェクトに準備しないと納得できなくて、いつまで経っても進められない、なんてことが多々ありました。しかも、思うようにできないと自分のことを責めてしまって、とても辛かったです。しかも自分だけではなく、他人にも完璧を求めてしまうので、しょっちゅうイライラ、カリカリしていました。

あるときなかなか進めない自分に、「完璧じゃなくてもいいんじゃないの?」って、OKを出せるようになったら、生き方が本当に楽になったんです! いろんなことにチャレンジできるようになり、相手のことも許せるようになりました。

やっぱり、未完成な状態でも一歩進んでみないことには、何も見えないもの。はじめはトライアンドエラーの繰り返しで当たり前だし、完璧じゃない粗削りの状態だからこそ、魅力的だったりもしますしね♪

行動したことに意味があるし、行動した先にしか見えない世界が必ずありますよ♡

興味のあることはすべて、軽やかにやってみる!

「今の人生には納得していないけど、何をしたらいいのかわからない」と、目標や夢を探している最中だったとしたら、とりあえず興味のあることを全部やってみてはいかがでしょうか? 私も、できる・できないは置いといて、自分のやりたいことはまずやってみることにしています。

ここでポイントなのは、**「自分がそれをやって楽しいかどうか？　ワクワクするか？」ということ。歯を食いしばるような無理な努力ではなく、「楽しそうだな♡」と思えたら、結果は気にせずチャレンジすることにしています。**

結局やってみないと、楽しいのかや向いているのかはわかりません。**行動することでしか、自分が本当にやりたいことや好きなことって見えてこないんです。**

今と違う景色を見るためには日々チャレンジして、自分の能力をどんどん高めていくしかありません。それに、迷って何も動かないより、えいっと行動して能力を上げていったほうが、楽しいのではないでしょうか？

怖いことに挑戦すれば、世界のやさしさに気付く

今年、人生で初めて、国際フォーラムという大舞台で生歌を披露する経験をしました。当然私は歌のプロでもないし、得意なわけでもないし、むしろ苦手。正直、人前で歌うだなんて、考えるだけでも怖くて震えそうでした。出演すると決めてからも、最初の頃は泣いてばかりいましたね（笑）。

それでも挑戦したのは、幼い頃に歌が下手だとひどくバカにされて以来、カラオケにも行けなくなった私が、再び勇気を振り絞って歌う姿を見てほしかったから。

一歩踏み出す勇気がないすべての女性に、私の背中を見て思い出してほしかったんです。「あなたもできるんだよ、大丈夫だよ♡」って。

結果、仲間とともに、今できるすべての力を出し切って、感動の舞台となりました。想像以上に楽しかったし、そこから見た新しい景色は最高に素晴らしくて、最高に楽しくて、自分の中の枠を外すかけがえのない経験となりました。

そして何より、なかなか行動できない女性たちへ、私がエールを送ったつもりでしたが、私もみなさんから本当にたくさんの応援をいただきました。私も勇気を出して行動しなかったら、こんなに世界がやさしいだなんて気付けなかったかもしれません。

やっぱり、「過去の経験から気持ちにブレーキがかかってしまうような怖いことにチャレンジすれば、何でも叶えることができる!!」という思いがいっそう強まりました。

そう、人生を変えられるのは、震えながらも欲しい未来にワクワクしながら行動

した人だけなんです。

だから失敗を恐れずに、勇気を出して小さなことから挑戦していきましょう♡　日常に流されて何も変わらない日々を過ごすのではなく、ひとつでもいいから新しいことをやってみてください。

そして行動を変えたら、コツコツと続けていくこと！

成功している人や人生を変えていく人たちは、諦めずに地道に積み重ねています。

あなたの幸せのために、怖いことにチャレンジし続けましょう♡

ギブしない人は幸せになれない

奪う人から与える人になろう♡

相手に何かを与える（ＧＩＶＥ）と、自分も相手から何か受け取れる（ＴＡＫＥ）という「ギブ・アンド・テイク」という言葉がありますが、この世界には自分が与えたものしか返ってこないという法則があります。

この「ギブ・アンド・テイク」はお互いが助け合う関係性で、ギブとテイクの等価交換ですが、私は「テイク」のない「ギブ・アンド・ギブ」を心がけています。見返りを求めずに相手が望むものを与えて、喜んでもらいたいんです♪

「これをやったら、私に何をしてもらえるのかな」という期待感からギブするのではなく、「こうしたら喜んでくれるんじゃないかな」といった純粋な気持ちでギブするだ

け。先に自分からギブしまくって、与えっぱなしです♡

こんなことを言うと、「自分ばっかりギブしていたら、損するだけでは?」と思うかもしれませんね。**でも不思議と、目先の損得を考えず自分にできることをどんどんギブしていると、ギブした本人からじゃなくても、どこかから必ずテイクが巡ってくるようになっています。与えた分のギブは、奪わなくてもいつか自分のもとに返ってくると理解していれば、安心しますよね♪** だからどんどんギブすればいいんです。

私なんて「最近、ちょっとギブが足りてないんやないかな?」と、ギブしてないと不安になるくらいギブが日常になっています(笑)。

ギブというと、何かすごく大きなことをしないといけないと思われるかもしれませんが、どんなことでも自分ができることを提供すればいいんです。

たとえば経験したことを自分の中にとどめず、SNSや友達にシェアするのもギブ。使ってみてよかったコスメをシェアするのもいいし、夢に向かって努力する姿を見せるのも素敵ですよね。その投稿を見た人が、悩みが解消されたと喜んでくれたり、落ち込んでいた気持ちが励まされたりと、知らないところで救われている人がいるかもしれません。

お友達が困っていたら、自分で助けてあげられることをしてあげる、喜んでくれることを想像して行動に移すのもいいですね。簡単なことでいいので、目の前の人を幸せにする意識で、ギブしてみてください♡

豊かさに愛されるお金の使い方

お金の巡りが悪いという人は、少しずつでいいので自分以外の人のためにお金を使うようにしてみてください。親にランチをごちそうしたり、コンビニでおつりを寄付したりと、人に喜んでもらえるギブをすること。

ギブの矢印を、自分のためだけではなく、誰かのために向けたときに、お金が入ってくるようになってきます。

自身の経験からしても、人を幸せにするためにお金を使っていたら、もっと大きくなって自分のもとに戻ってくると実感しています。

私の主宰するビジネススクールでは卒業パーティーを設けているのですが、希望される講座生のみなさまを無料でご招待させていただいています。今年の7月に開催した過去最大級のパーティーは、ザ・リッツ・カールトン大阪の優雅な空間で、300名以上を招待し、3時間で1100万円をかけた超豪華な卒業式になりました♪

これってなにも、キラキラを見せつけるためにやっているわけじゃないんです。ひとりひとりが一流の場所で大切にされる経験をし、圧倒的にセルフイメージを上げてもらいたい。そしてこの経験を通じて、自分のお客さまを大切にできるようになってほしいという想いを込めています。

もちろん講座生たちにもギブの文化が浸透しているので、ピンチのときは助け合ったり応援し合ったり。愛と豊かさに溢れた、素敵なメンバーばかりです♡

そして私自身も、世の中のハイスペといわれる会社員の年収に匹敵する金額を、3時間という短時間で使うことで、お金の枠を外させてもらっています。実際、こういう大規模なパーティーを行うようになってからさらにビジネスが拡大していて、今では億単位の年商を達成できるようになりました。

自分を満たしてからギブする、シャンパンタワーの法則

「与えたものしか返ってこないからギブしましょう」とお伝えしてきましたが、絶対に絶対に守ってほしい条件があります。

それは「自分を満たしてからギブする！」ということです。

自分が枯渇してカツカツなのに無理をしてギブをすることは、単なる自己犠牲でしかありません。とくに、自分のことよりも他人のことを優先してしまう傾向がある方は気を付けてください。自身の幸せをないがしろにしてまで人に尽くしていると、どこかで必ず綻びが出てしまいます。

シャンパンタワーってありますよね。ピラミッド型に積み重ねたシャンパングラスの一番上からシャンパンを注いでいく、例のあれです。上のグラスから溢れたシャンパンが、その下のグラスを満たし、さらにその下のグラスに流れて満たしていく……。

これって、私たち人間も同じなんです（巻末215ページの〈シャンパンタワーの法

則〉を参照）。シャンパンタワーを人間関係に見立てると、上から1段目が自分自身、2段目が家族、3段目が友人や職場、4段目が社会や地域になります。全部のグラスをシャンパンで満たすためには、まずは1段目、自分自身を満たさなければいけませんよね。自分をひたひたに満たして、そこから溢れた分を周りに与えることができたとき、はじめて周りの人も幸せになります。

ギブしているのに現実が変わらないという人は、自分のグラスが空っぽなのに、他の人に与えようとしていませんか？

CHAPTER 4で述べたように、他人に親切にするとオキシトシンが分泌されて心が満たされるものなのですが、**「私ばっかり無理している」という気持ちやイライラ感が募ってきたら、あなたのグラスが空っぽのサインです。**そんなときは他人にギブしている場合ではありません。

人間はひとりでは幸せになれないし、誰かに貢献することで真の幸せを得られますが、**その前に大切なのは自分です。しっかり寝て食べて、ほっとすることをして、自分を満たすことから見直してみてくださいね♡**

すごい人が近くにいたら、次は自分の番♪

新しい環境に飛び込んで挑戦しようと意気込んだものの、最初にぶつかる壁が、周りがすごい人だらけで萎縮してしまう問題。自分より能力が優れたすごい人を見ると、とたんに自信がなくなってしまう……。これきっと、あるあるですよね。

私も独立したばかりの頃は、すでに何年も実績がある社長さんたちと自分を比べては、嫉妬したり、落ち込んだりしていました。

でも、こんなふうに**他人と比較する人生って、自分にないものにフォーカスしてしまうことになるから、どんどん苦しくなってしまうだけ**。それにこんなことでウジウジしている時間って本当にもったいないなと痛感して、比べるなら過去の自分にしようと決めたんです。

それからは、結果ではなくプロセスを見るようになり、昨日に比べて少しでもできることが増えたら、成長できた自分を褒めてあげるように。

おかげで周りと比べて焦らなくなったので、自分の進むべき道が見えたし、飛躍のスピードも加速しましたね。

そもそもすごい人だって、たくさんのトライアンドエラーを繰り返して、諦めなかった結果の今なんです。私だって、販売しても全然売れなかった時代もあるし、過去には集客がゼロだったこともあります。

挑戦することは素晴らしいのですが、忘れちゃダメなのは、いきなり世界最高峰のエベレストを目指そうとしないこと。まずは近場の山から練習しましょうね！

それに、引き寄せの法則でいえば、そんなすごい人を自分の目の前に登場させたってことは、あなたも近いうちにそうなれるってこと♡　次は自分の番なんだなって、ウキウキしておきましょう♪

かわいい修造であれ♡

実は私、こんなふわふわした見た目に反して、中身はめちゃくちゃ暑苦しいタイプなんです（笑）。

ビジネスのことになると途端にスイッチがオンになるので、ビジネス講座の講義中なんて3～4時間、ずーーーっとしゃべりっぱなし！　あまりの熱血ぶりに、講座生たちからは「松岡修造」と呼ばれています（笑）！

そのくらい、いつだって「私がみんなを、見たことのない豊かな世界に思いっきり引き上げる!!!!」と、燃えまくっているんです♡

大人になってこんなふうに無我夢中になることって、なかなかないと思うんですけど、理想の人生を摑むために貪欲に取り組むって本当に素敵だなって思うんです。

もしかしたら今の世の中的には、一生懸命頑張るのってダサいとか、成果が出なかったらカッコ悪いとか思われるのかもしれないんですけど、「自分の人生なのに本気出さなくてどうするの?」って疑問です。

そんな私も昔は、「こんなことやったら、友達に変に思われるかな? 調子に乗っているって思われるかな?」と、人目を気にして小さくなっていました。でもあるとき、「私の人生、私が私の夢を叶えてあげないと、誰が幸せにしてくれるんだ!」と、当たり前のことに気が付いたんです。そこからやっと「本気でビジネスで成功するぞ!!」と覚悟を決めて、腹を括って行動したんですよね。

自分の人生を本気で生きると、必ず人生は変わります! 幸せになるために本気で生きるのは恥ずかしくありません♡

たった一度の人生なんだから、かわいい修造♡で頑張りましょうね♪

会いたい人には、どんなに遠くても会いに行く♡

モノマネ細胞、ミラーニューロンの効果とは？

あなたにもきっと「こんなふうになりたいな♪」という憧れの人っていますよね。自分もそうなりたい、もっともっと自分を成長させたいなら、その憧れの人に会いに行くことがおすすめです。主宰するイベントやセミナーがあれば、ぜひ参加してみてください。

最近はセミナーもオンラインで開催できるようになって便利な世の中になりましたが、リアル会場での開催があるのなら、時間がかかろうが新幹線代がかかろうが、**直接会えるチャンスは逃さないでほしいなと思います。**その人ならではのノウハウだったり、考え方やマインドのあり方を学ぶことも目的ではありますが、**すでに理想を叶えている方のエネルギーを、直接肌で感じてほしいんです！**

多くの成功者も同じように「夢を叶えている人に会いに行こう」「成功している人たちが集まる環境へ身を置こう」と言っていますよね。

これってどういう根拠なのかというと、憧れの人と会うことで、あなたの脳の「**ミラーニューロン**」が働き始めるからなんです。

ミラーニューロンとは、相手の行動を見ると、脳内で自分自身も同じ行動をしたかのような反応をする、別名「モノマネ細胞」と呼ばれる神経細胞のこと。笑顔が笑顔を呼ぶのも、このミラーニューロンの働きだといわれています。

そしてミラーニューロンは、自分が意図する・しないにかかわらず作用します。

つまり、無意識のうちに、一緒にいる相手の影響を受けやすいということ！

だったら、すでに自分の理想とする人生を歩んでいる相手と一緒に過ごすことができれば、そばにいるだけでその人の価値観や行動パターンなどがあなたにインストールされ、理想の人生に近付いていけるということ。逆に、不平不満やグチばかり言っている人たちと一緒にいれば、よくて現状維持、最悪底辺へまっしぐらです。

人生を大きく飛躍させるためには、誰と出会うかが大切

私がこうやって夢を叶え続けていられるのも、起業当初からどこにでも足を運び、こうなりたいと思う人のそばに身を置いて、ミラーニューロンを活性化してきたからこそ！　有名女性起業家や世界中で活躍されている実業家など、理想の生き方をしている方たちにお会いするたびに刺激をいただき、自分の当たり前の水準を変化させてきました。

とくに私の人生のターニングポイントとなった出会いは、ドバイ在住の起業家・小田桐あさぎさん。2児のママでありながらベストセラー作家でもあり、ビジネスでは年商14億円を稼ぐ、マインドも考え方もすべてのスケールが規格外の方です。

あさぎさんにお会いできるチャンスは絶対に逃さず、どんなに遠くても飛行機に飛び乗って、直接お話をさせてもらってきました。今までの価値観を覆される衝撃的なアドバイスをいただくたびに、私の人生のステージが飛躍してきたことは間違いありません。ビジネスに限らず、自分が叶えたい世界をすでに体現している人から直接お話を聞くことは、そのステージに行くために一番簡単な方法だと思います。

おわりに

最後までお読みいただき、ありがとうございます。

昔の私のように人生に絶望している人にこそ、手に取ってほしくて、仲のいい友達も知らないような私の過去もすべてさらけ出して書いた本です。今日からひとつでもいいので、ワークに取り組んで100％理想の人生を叶えてほしいです。

すべての理想を叶えている今、改めて思うのは人生で辛い経験はすべて最善で起こっており、すべて必要だったということです。

渦中は本当に苦しくて消えたいと何度も思いましたが、あの経験がなければ、この本を出版することもなかったし、今のような人生を歩むことはありませんでした。だから今辛い経験をしていている方も大丈夫です。安心してくださいね。あなたが願っている以上の理想の人生は叶えられます。

そして、「理想の人生を生きていくために大事な要素は、お金だと思っています。

もちろんお金がすべてではありませんが、お金があれば叶えられることはたくさんあります。この本でもシャンパンタワーの法則に触れましたが、自分が物心両面で満たされないと、誰かに十分にギブをすることはできません。

私の使命は、幸せに豊かに稼げる女性を日本社会にたくさん輩出することです。

それは自分を愛して満たし、自立して稼ぎ、他者貢献できるような幸せな女性を増やしていくことです。そのために、ビジネススクール「SELFLOVEビジネス講座」を主宰しています。会社員や専業主婦だった受講生の多くが、月商7、8桁を稼いでいます。講座が気になる方、一緒に飛躍したい方は、こちらのURL（https://resast.jp/inquiry/OTUyNWIzODk1M）から、メールアドレスと公式LINEにご登録ください。私の飛躍を後押ししてくれた恩人・小田桐あさぎさんとの対談セミナー動画『億を稼ぐエネルギーの使い方』をプレゼントしています。

理想の人生がなかなか叶わず不安になったり、悩んだりしたときは、この本に立ち返ってくださいね。

私が１００％理想の人生が叶えられたように、あなたにも必ずできます。あなた自身が唯一無二で光の存在なのです。忘れないでくださいね。

あなたの人生が、より豊かで幸せなものとなりますように♡

松木直子（なおりっち）

Love Yourself

最後に、いつでも思い出してほしい、
自分を愛するためのなおりっち語録と、図解を紹介します。
このページを見るだけで、
すぐに自分を愛することを思い出せます！

なおりっち語録3選

無理、我慢を手放す究極の言葉です。

1 お昼寝しよう♡ >>P.023

無理や我慢しすぎてない？　余白が大切。疲れたら、そろそろ私お昼寝しようと思ってみて（実際にお昼寝できなくても、そういう気持ちだけでも大事だよ）。

2 バンジーしよう♡ >>P.041

思い切って相手に伝えることも大切。本音は伝えてOK。なかなか言えないことも、「バンジーしよう」と思って伝えてみて。伝える勇気と、伝え方も大事だよ（「私はこう思うんだけどとどう思う？」伝えてみて。そして伝えただけでも、あなたはえらい！）。

3 「ぴえん」する♡ >>P.047

究極、苦手なことは、無理せず“ぴえん（人を頼ること）”してOK。必ずあなたがやらなければならないということはありません。3回トライして自分でできなかったら、できる人に頼んでしまいましょう！

エイブラハムの感情の22段階 >>P.178

あなたの感情が今どの段階か教えてくれます。
ネガティブ＝NGではないです。
でもネガティブな段階にいたら、ニュートラルに戻しましょう。
気が付いただけでもニュートラルに戻れます。

positive ポジティブ

1	感謝、愛、高い評価、喜び・感動、溢れる活力 自由、自信、大いなる気付き
2	情熱
3	熱意、やる気、切望、興奮・熱狂、幸福感
4	ポジティブな期待、信頼、信念
5	楽観
6	希望
7	満足・納得（現状肯定・ニュートラル）
8	退屈
9	悲観
10	欲求不満、ストレス、焦り・いらだち、短気 我慢、不足・欠乏
11	戸惑い、圧迫感
12	落胆
13	不安
14	心配
15	悲観、自責
16	挫折感、失望
17	怒り
18	復讐心
19	憎しみ、敵意、激怒
20	嫉妬
21	自信喪失、罪悪感、無価値観、自己卑下 恥、不安（身の危険）
22	恐れ、悲嘆、苦悩、憂鬱、絶望 無能感、無気力

neutral ニュートラル
ここに戻ってきて〜!!

negative ネガティブ

参考資料：『新訳　願えば、かなうエイブラハムの教え』ダイヤモンド社

シャンパンタワーの法則 >>P.201

シャンパンタワーの一番上があなた。
まずは、自分を満たせば、他の人にギブできるようになり、
結果、あなたの周りも幸せになります！

忘れないで！
自分が枯渇していると、
うまくいかないからね
まずは自分を満たすことからだよ♡

松木直子（なおりっち）

株式会社 COLORFUL. 代表取締役。
15 年にわたる重度の摂食障害を乗り越え、会社員から独立して会社経営。美容機器販売とビジネス指南を主な事業とし、年商は３億円を超える。『自分を愛して100% 理想の人生を叶える』をテーマに、経済的成功だけでなく、精神的な充足、人間関係の好循環と全てを手に入れた豊かな女性起業家の育成を手がけるビジネススクール「SELFLOVE ビジネス講座」を開講。月商 7、8 桁の売上を出す講座生が続出している。

- https://colorfulltd.com/
- Instagram @naoko_matsuki
- YouTube　@dubai1007

自分《じぶん》を愛《あい》して 100%《パーセント》理想《りそう》の人生《じんせい》を叶《かな》える

2024年12月2日　初版発行

著　者　松木直子《まつきなおこ》（なおりっち）
発行者　山下直久
発　行　株式会社 KADOKAWA
〒102-8177　東京都千代田区富士見2-13-3
電話　0570-002-301（ナビダイヤル）
印刷所　大日本印刷株式会社
製本所　大日本印刷株式会社

●お問い合わせ
https://www.kadokawa.co.jp/（「お問い合わせ」へお進みください）
※内容によっては、お答えできない場合があります。
※サポートは日本国内のみとさせていただきます。
※ Japanese text only

定価はカバーに表示してあります。

ISBN 978-4-04-607176-7　C0095